8° Yd
235

POÉSIES
DE MICHEL-ANGE
BUONARROTI.

IMPRIMERIE DE FIRMIN DIDOT,
RUE JACOB, N° 24, F. S. G.

POÉSIES

DE

MICHEL-ANGE

BUONARROTI,

PEINTRE, SCULPTEUR ET ARCHITECTE FLORENTIN,

TRADUITES DE L'ITALIEN, AVEC LE TEXTE EN REGARD ET ACCOMPAGNÉES
DE NOTES LITTÉRAIRES ET HISTORIQUES;

Par M. A. VARCOLLIER.

> Ghirlaude a un Michel-Angelo, che altera
> Mole inualzar potea, di pinte ornarla
> Figure; ornarla di scolpite; e i fieri
> Scarpei, le ardite teste, ed i tremendi
> Pennelli col febeo legno mutati,
> Farla risponder versi; uom di quattr' alme!
> PINDEMONTE.

PARIS.

CHEZ HESSE ET Cie, LIBRAIRES,
RUE DE BOURBON, S. G., n° 43.

MDCCCXXVI.

A Monsieur le Comte de Tournon,

PAIR DE FRANCE, CONSEILLER D'ÉTAT, ETC., ETC.

Monsieur le Comte,

Ces mêmes arts que Michel-Ange cultivait avec tant de succès, vous les encouragez avec sollicitude; la cité qui fut le théâtre de sa gloire, a été celui de votre administration éclairée et bienfaisante; les souvenirs que vous y avez laissés, seront toujours chers aux artistes dont vous fûtes le protecteur. A ce titre, Monsieur le Comte, les poésies de Michel-Ange ne pouvaient être réimprimées en France, sous de plus dignes auspices que les vôtres.

Permettez-moi de vous offrir ma traduction, comme un faible témoignage de ma reconnaissance : l'hommage de mon premier essai dans les lettres, était dû à celui qui fut mon premier appui dans le monde.

A. Varcollier.

PRÉFACE.

Michel-Ange fut à la fois peintre, sculpteur, architecte, ingénieur et poëte. Il a justifié chacun de ces titres par des ouvrages du premier ordre et d'un renom impérissable : le Jugement Dernier, la statue de Moïse, le dôme de Saint-Pierre, les fortifications de Florence et quelques poésies classiques sont également l'œuvre de ce génie extraordinaire. Excepté Léonard de Vinci, nul artiste n'eut autant de connaissances variées, nul ne se livra à un plus grand nombre de travaux divers. Mais si Michel-Ange embrassa tout-à-la-fois les sciences, les arts et les lettres; les arts furent le but spécial de ses études et la principale occupation de sa vie. Le commerce des muses ne fut pour lui qu'un délassement, qui contribua toutefois à orner son esprit, à étendre son imagination, à développer son génie, et l'admirateur du Dante aurait pu devenir son émule.

L'influence féconde des lettres sur les arts est trop méconnue aujourd'hui; elle fut sentie par les hommes de la renaissance; elle l'avait été par les anciens. Ils reconnurent combien de ressources les facultés de l'esprit peuvent emprunter les unes des autres; combien l'instruction est propre à agrandir la pensée, à diriger le goût, à régler l'imagination! L'artiste éclairé par l'étude, va saisir avec plus de vivacité, de justesse et de profondeur tous les objets qui lui seront offerts; une lumière plus pure brille aux yeux de son entendement. Ainsi pensait Michel-Ange lui-même. « Il existe, dit-il, entre la peinture « et la poésie, une merveilleuse ressemblance; « c'est assurément là ce qui a fait appeler tour-à- « tour ces deux arts, l'un, une poésie muette; « l'autre, une peinture parlante. Leur douce « fraternité ne se manifeste-t-elle pas en effet « dans ce penchant affectueux qui attire les « uns vers les autres, les peintres et les poètes?

« Témoin les liens d'amitié qui unirent Giotto
« et le Dante, Pétrarque et Simon de Sienne.
« Combien en est-il d'autres qui ont à la fois
« possédé le talent de la peinture et celui de la
« poésie! Tels sont le poète comique Cratinus,
« le Dante et plusieurs autres de nos jours.
« La cause de cette affinité entre les deux arts
« doit en même tems se chercher dans les
« secours mutuels qu'ils se prêtent et dans l'i-
« dentité du but qu'ils se proposent, l'imitation
« de la nature*. »

---

* Con quest' arte della pittura ha grandissima rassomiglianza la poesia. Onde da molti, molte volte, vicendevolmente l'una è stata chiamata poesia muta, e l'altra pittura favellante; ed il vedere i pittori ed i poeti avere tra di loro intrinseca amistà (come fù quella tra Giotto e Dante e tra 'l Petrarca e Simone da Sienna), della fratellenza di quella non è debole argomento. Siccome ancora l'essersi ritrovati molti di quelli che insieme colla poesia sono stati guerniti dell' arte della pittura, come si dice di Cratino poeta comico e di Dante stesso e di alcuni de' nostri tempi. Questa conformità si dee credere che non solamente accagia per lo bisogno che bene spesso l'una ha dell' altra, ma e per l'unione che naturalmente hanno tra di loro, che è l'adoperare ciascuna di quelle la imitazione della natura. (*Lezione sopra 'l Petrarca.*)

Liés par leur partie morale avec la poésie, l'éloquence et la philosophie, les arts, quand ils sont privés de ces rapports, n'offrent plus que le résultat d'un travail manuel ; ils ne sont plus qu'un métier. L'artiste vit dans ses œuvres ; il y respire tout entier, et, quels que soient ses efforts, il n'y peut dissimuler sa nature. Son génie brut ou façonné, ses sentiments vulgaires ou élevés, son imagination stérile ou féconde, ses manières même communes ou distinguées, se décèlent dans tous ses ouvrages, fidèle expression de son être.

La plupart des maîtres qui ont véritablement illustré la carrière des arts, auraient pu acquérir une égale célébrité dans les lettres. Léonard de Vinci*, le Titien**, Raphaël***, le Bronzino****,

---

* Ses divers ouvrages sont trop connus, pour qu'il soit nécessaire de les mentionner ici.

** Tiziano Vecelli passa pour l'un des meilleurs poètes de son âge. On a conservé de lui une harangue latine au doge de Venise et plusieurs épigrammes dans la même langue.

*** On a quelques sonnets de Raphaël.

**** Les poésies inédites d'Angelo Allori dit le Bronzino ont été publiées à Florence en 1822.

le Primatice, Rubens, Carache*, Poussin, Salvator Rosa** et bien d'autres, possédaient une littérature peu commune. Quelques-uns ont même produit dans ce genre des essais qui mettent hors de doute leur talent et leur instruction; mais aucun d'eux n'a laissé après lui une réputation littéraire : il appartenait au seul Michel-Ange de cueillir encore le laurier du poète, après s'être saisi de la palme du statuaire et du peintre.

Les productions de sa muse, tour-à-tour gracieuses, mélancoliques ou sévères, furent admirées, de son vivant, par la société la plus polie et la plus éclairée de cette époque. Quelques-

---

* Augustin Carache composait des vers charmants qu'il chantait en s'accompagnant sur la lyre. On connaît surtout de lui un Sonnet où il expose avec autant d'esprit que de malice, le genre de peinture qu'on voulait alors établir.

** Parmi le grand nombre de poésies que Salvator Rosa a laissées, on doit particulièrement remarquer deux ou trois satires pleines de cette fougue qui le caractérisait, et auxquelles l'Italie n'a encore rien de mieux à opposer dans le même genre.

uns de ses sonnets amoureux devinrent même en sa présence l'objet d'un panégyrique, dans le sein d'une des plus illustres académies; mais ces poésies, quoique fort estimées en Italie, n'avaient pas encore été traduites en français; elles sont même généralement peu connues. Les succès que Michel-Ange obtint comme poète dans sa patrie, furent effacés ailleurs par l'éclat des chefs-d'œuvre qu'il créa comme artiste. Cependant Vasari, Varchi, Berni, Salviati et l'Aretin n'ont parlé de ses vers qu'avec les plus grands éloges. Ce dernier, qui n'était pas louangeur, les trouvait dignes d'être conservés dans un *vase de pierre précieuse*; Vasari dit que « Le ciel ac-
« corda à Michel-Ange, avec ses autres talents,
« un fonds de haute philosophie et un génie
« poétique sublime, pour montrer, en un seul
« homme, le modèle parfait de toutes les choses
« qui sont le plus en estime et en honneur
« parmi les mortels. » Une autorité plus moderne, mais non moins respectable, est celle de M. Biagioli qui a réuni, dans une même édition, les œuvres de Pétrarque et celles de Buonarroti, sans craindre pour celui-ci un rapprochement

aussi redoutable*; enfin, à de tels jugements, on n'en ajoutera plus qu'un seul qui les sanctionne tous : c'est celui de la célèbre académie *della Crusca*, qui a rangé depuis long-tems cet écrivain parmi les classiques italiens.

Comment des productions dont le mérite est universellement reconnu dans la patrie des arts et des lettres, n'avaient-elles pas encore paru dignes de passer dans notre langue? Et pour exciter l'intérêt général, que leur fallait-il de plus, que l'illustration attachée au nom glorieux de Michel-Ange? Quand bien même les poésies de cet homme célèbre n'auraient pas, dans leur mérite propre et intrinsèque, un attrait indépendant de sa haute renommée, ne tireraient-elles pas encore assez de lustre de leur commune origine avec tant de chefs-d'œuvre sortis

---

* Les poésies de Michel-Ange, recueillies avec soin après sa mort, par son neveu Buonarroti, écrivain distingué lui-même, furent publiées pour la première fois à Parme, en 1538; on les réimprima à Venise, en 1544; la troisième, et je crois la dernière édition, est celle que M. Biagioli en a donnée à Paris, en 1821.

de ses mains? Le privilège du génie est d'entourer d'une sorte d'auréole tout ce qui appartient aux grands hommes. Une curiosité naturelle nous fait rechercher avec avidité leurs moindres productions, surtout ces créations inattendues de leur verve soudainement excitée, et qui nous montrent bien plus le besoin que le dessein de produire.

La gravité, la force et la terreur sont tellement les caractères distinctifs du génie de Michel-Ange, qu'on est, avec quelque raison, surpris de ne trouver dans ses vers que l'expression presque continuelle d'un sentiment amoureux. Il faudrait peut-être remonter jusqu'au Dante, dont Michel-Ange fut admirateur passionné, pour y découvrir la source de ses inspirations poétiques, comme on y retrouve celle de ses créations dans les autres arts. L'influence que ce grand poète exerça sur son siècle et sur les siècles postérieurs est universellement reconnue; et, si je ne me trompe, il suffira d'observer l'état des arts avant et immédiatement après l'apparition du poëme du Dante, pour rester convaincu que l'impulsion donnée à l'Italie entière, doit lui être attribuée. Michel-Ange, a-t-on dit, fut le Dante des arts; cela est vrai, presque en tous points : une analogie frappante existe entre ces deux hommes. Le *Jugement dernier* fut sans aucun doute inspiré par la description de l'enfer et du purgatoire. Le peintre revêtit de formes les pensées du poète; et tandis que des professeurs, depuis long-tems chargés d'expliquer publiquement la *Divina Commedia*, dans plusieurs chaires d'Italie, contribuaient à répandre de plus en plus le goût de la poésie du Dante, le pinceau de Michel-Ange en popularisait les idées. Source féconde d'une littérature nouvelle, le poète toscan, avec un génie égal, mais un mérite bien inférieur à celui d'Homère, ouvre la deuxième époque, comme le poète grec ouvre la première. Il paraît à la tête de la renaissance des arts et des lettres, avec la majesté, je dirais presque, l'autorité de ce chef des Hébreux, sur la face de qui Michel-Ange a fait descendre un rayon de la Divinité. Le Dante domina par la force de la pensée; il régna par le droit du génie : son nom devint un mot de ralliement; son poëme, l'objet de la vénération publique ; sa mémoire, l'inépuisable sujet de traditions livrées à la crédulité du vulgaire ; et pour achever de lui donner la physionomie d'un chef de secte, les pédants, aussi dangereux que les dévots dans leur fanatisme, persécutèrent les détracteurs de ses œuvres avec tout l'orgueil et l'acharnement qui caractérisent un enthousiasme désordonné *.

---

* Témoin l'infortuné Cecco d'Ascoli, qui eut la témérité de critiquer la Divina Commedia et d'être, en même tems, meilleur médecin que Dino del Garbo ; ce qui le fit déférer par les amis et les enthousiastes du médecin et du poète au tribunal de l'inquisition comme hérétique et sorcier. Hérétique sans doute, pour s'être moqué quelquefois avec raison des rêveries du Dante ; sorcier, pour avoir guéri ses malades. Cecco d'Ascoli fut condamné et brûlé à Florence en présence de tout un peuple irrité des blasphèmes littéraires et des cures efficaces d'un homme assez osé pour penser par lui-même et pour guérir contradictoirement aux règles de la Faculté dans le XIVe siècle. La cause apparente de cette atroce condamnation fut un livre d'astrologie ; mais la cause réelle, la jalousie de Dino del Garbo, et la haine violente que Cecco d'Ascoli excita contre lui en dénigrant le poëme du Dante dans un ouvrage intitulé *l'Acerba*. Un passage de la sentence inquisitoriale, citée par Tiraboschi, le dit expressé-

Une idée renouvelée des anciens occupait alors toutes les têtes : je veux parler de la manifestation de la divinité dans la beauté corporelle; objet matériel, il est vrai, mais susceptible, avait dit Platon, d'éveiller dans l'homme la connaissance du beau moral, et de ramener son âme vers la source de cette beauté immatérielle qui est Dieu. Cette noble rêverie, consacrée par l'auteur de la *Divina Comedia,* était devenue le sujet ordinaire de toutes les poésies qui se publiaient à cette époque. La Béatrix du Dante, création originale et brillante, fut le type de toute beauté, de toute perfection, et peut-être même, sous différents noms, l'être idéal que chantèrent tous les poètes qui vinrent après lui. Michel-Ange, que l'indépendance de son esprit aurait dû affranchir de ce joug, y fut soumis par son culte pour le Dante, par l'analogie de son caractère avec celui de ce poète, par son

---

ment : « Librum quoque ejus in astrologia latinè scriptum, « et quemdam alium vulgarem, *Acerba* nomine, reprobavit, « et igni mandari decrevit. »

imagination même qui, avait besoin de s'étendre hors de la sphère commune, et d'abandonner ce monde matériel pour se rapprocher des cieux, vers lesquels il s'élançait comme l'aigle. Il ne put donc, malgré l'allure franche de son génie, abandonner tout à fait les traces du mysticisme qui était le goût dominant du siècle; ou plutôt, la tournure même de son esprit le portait vers ces sublimes rêveries dans lesquelles il croyait démêler un type de beauté propre aux arts.

Aussi ce ne sont point des peintures de mœurs qu'il faut chercher dans les poésies de Michel-Ange : simples inspirations du moment, elles ne furent presque jamais que l'expression improvisée des pensées qui s'offraient naturellement à son esprit, et qu'il ne pouvait rendre que par des paroles; c'est ce qui doit les faire considérer comme le complément de ses œuvres, comme les anneaux qui forment, avec ses autres productions, la chaîne non interrompue de ses idées. Les publier, c'est donc achever de le faire connaître ; et un si puissant intérêt pourrait me dispenser d'exposer ici les motifs qui m'ont fait entreprendre ce travail.

J'habitais l'Italie, quand le hasard fit tomber dans mes mains les poésies de Buonarroti. Quoique instruit par Vasari que Michel-Ange s'était occupé de vers, je ne connaissais guère de lui jusque-là que ceux qu'il avait faits en réponse à un quatrain de Strozzi, sur la belle figure de la Nuit qu'on voit dans la chapelle des Médicis, à Florence. Mon empressement à parcourir ce recueil ne se peut comparer qu'au plaisir qu'il me causa. Plein de vénération pour ce sublime génie, je sentis soudain naître en moi le désir bien naturel de restituer à sa gloire un titre presque oublié parmi nous. Des souvenirs récents me montraient l'Italie étalant avec un juste orgueil, depuis les Alpes jusqu'au Pausylipe, les richesses que Michel-Ange lui a léguées; des cités, rivales dans les arts, se disputant l'honneur de posséder quelqu'un de ses ouvrages, et conservant, avec un respect religieux, les moindres traits échappés à ses mains; des artistes de toutes nations admirant jusqu'à ses erreurs. Fidèle à des souvenirs plus éloignés, ma mémoire, se reportant au siècle glorieux des Médicis, que la longévité de cet homme extraordinaire embrassa presque en entier, se le représentait s'élevant, parmi les premiers personnages de son tems, avec ses proportions colossales, sa simplicité noble, et je ne sais quel air d'antiquité au milieu de la magnificence nouvelle des cours de Florence et de Rome; admiré par ses rivaux, chéri de ses disciples, recherché par les princes, et, jusque dans son cercueil, devenant l'objet de l'ambition de deux souverains prêts à prendre les armes pour posséder ses cendres *.

Il n'en fallait pas tant pour séduire l'imagination d'un jeune homme impatient de faire connaître à la France ce qu'avait produit, dans le premier des arts, celui à qui tous les arts furent familiers; mais prompt à concevoir ce dessein, je ne le fus guère moins à l'abandonner, en ré-

---

* Il Granduca Cosimo, non avendo potuto averlo in vita, procurò che almeno restassero in firenze le sue ossa, che perciò fù il suo corpo posto segretamente in una balla ad uso di mercanzia e levato di notte di Roma; e ciò affine che non fosse, dal Papa, impedito il trasporto.

(*Girol. Ticciati.*)
Supp. alle Vit. di Mic.-Ang.

fléchissant au goût actuel du public. A Milan, toutefois, un entretien que j'eus à ce sujet avec le célèbre Monti ranima un peu mon courage; et l'éloge de Michel-Ange poète, dans la bouche d'un autre poète qui compte plus d'un demi-siècle de succès dans tous les genres, finit par lever mes scrupules. J'arrivai peu après à Paris, où M. Biagioli venait précisément de publier une édition nouvelle des OEuvres poétiques de Buonarroti ; la circonstance me parut favorable pour en offrir la traduction au public. M. Biagioli m'y engagea lui-même et m'offrit généreusement ses conseils, dont j'ai souvent profité.

Je n'ai pas traduit en entier les poésies de Michel-Ange, parce que quelques-unes se ressentent trop du goût de l'époque où il vécut; j'ai pensé d'ailleurs que ce ne serait pas trop de toute la vénération que doit inspirer ce grand nom, pour faire supporter de nos jours, le titre si déconsidéré de *Sonnets* et de *Madrigaux*. J'ai donc mis à la fin du volume le complément du texte italien pour satisfaire l'empressement des curieux : non qu'après tout la main du maître ne se révèle aussi bien dans les petites choses que dans les grandes; mais le préjugé est là; il est puissant parmi nous, et Pétrarque même avec ses quatre siècles de gloire n'a pas, de nos jours, trouvé grâce aux yeux d'une critique sévère. J'ai voulu seulement faire connaître en France les poésies de Michel-Ange, et surtout en faciliter la lecture, par une version exacte, à ceux qui ont déjà quelque connaissance de la langue italienne. C'est à ce titre que j'ai pu me flatter un moment qu'on regarderait cet essai avec quelque indulgence; aujourd'hui surtout que, libre enfin de ses préventions à l'égard des autres peuples rivaux, la France accueille, avec un empressement si désintéressé, et admire avec une si noble franchise les trésors de la littérature étrangère.

Michel-Ange, passionné pour l'étude des anciens poètes italiens, en adopta le style élevé, mâle et nerveux, mais, en même tems, cette concision elliptique qui jette quelquefois de l'obscurité sur leurs écrits. Pour en faciliter toujours l'intelligence, des explications assez nombreuses accompagnent le texte. M. Biagioli, dans son édition de Paris, a jugé à propos de prendre la même précaution; mais je crois devoir prévenir que les notes que j'ai jointes à ma traduction n'ont aucun rapport avec les commentaires extrêmement restreints et toujours apologétiques de l'éditeur italien. J'ai quelquefois critiqué; et souvent, pour ne point rebuter le lecteur par l'aridité d'une dissertation purement grammaticale, j'ai mêlé à mes observations littéraires des faits historiques qui se rattachaient naturellement au sujet. En un mot, je me suis efforcé de présenter au public, sous la forme la moins indigne, le faible tribut d'admiration que j'ai voulu payer publiquement à la mémoire d'un grand homme.

La gloire de Michel-Ange appartient aux artistes; ils doivent être fiers de voir au nombre des premiers poètes du seizième siècle le plus grand artiste de tous les âges.

SONNETS.

SONETTO I.

Non ha l'ottimo artista alcun concetto,
Ch'un marmo solo in se non circoscriva
Col suo soverchio [1], e solo a quello arriva
La man che obbedisce [2] all'intelletto.

Il mal ch'io fuggo, e 'l ben ch'io mi prometto,
In te, donna leggiadra, altera e diva,
Tal si nasconde, e, perch'io più non viva,
Contraria ho l'arte al desiato effetto.

Amor dunque non ha, nè tua beltate,
O fortuna, o durezza, o gran disdegno,
Del mio mal colpa, o mio destino, o sorte,

Se dentro del tuo cor morte e pietate [3]
Porti in un tempo, e che 'l mio basso ingegno
Non sappia ardendo trarne altro che morte.

SONNET I.*

Tout ce qu'un grand artiste peut concevoir, le marbre le renferme en son sein; mais il n'y a qu'une main obéissante à la pensée qui puisse l'en faire éclore.

De même tu recèles en toi, beauté fière et divine, et le mal que je fuis et le bien que je cherche; mais l'effet de mes soins est contraire à mes vœux, et c'est ce qui me donne la mort.

Je n'accuserai donc de mes maux ni le hasard, ni l'amour, ni tes rigueurs, ni tes dédains, ni le sort, ni tes charmes, quand tu m'offres à la fois, dans ton cœur, la mort avec la vie, et que mon génie impuissant ne sait y puiser que la mort.

---

* Voyez la note préliminaire.

SONETTO II.

Non vider gli occhi miei cosa mortale,
Quando refulse in me la prima face
Dei tuoi sereni [1], e in lor ritrovar pace [2]
L'alma sperò, che sempre al suo fin sale.

Spiegando, ond' ella scese, in alto l'ale,
Non pure intende [3] al bel ch'agli occhi piace;
Ma, perchè è troppo debile e fallace,
Trascende inver [4] la forma universale [5].

Io dico ch'all'uom saggio quel che muore
Porger quiete non può, nè par s'aspetti [6]
Amar ciò che fa 'l tempo cangiar pelo [7].

Voglia sfrenata è 'l senso, e non amore,
Che l'alma uccide [8]; amor può far perfetti
Gli animi quì, ma più perfetti in cielo [9].

SONNET II.*

Non, ce ne fut pas un objet mortel qui s'offrit à ma vue, quand le doux éclat de tes yeux vint me frapper pour la première fois; et mon ame espéra trouver en eux la paix du ciel, seule fin qu'elle se propose.

Cette ame ardente, que ne peut satisfaire une beauté périssable et trompeuse, déploie ses ailes vers les cieux d'où elle est descendue, et s'élance à la source même de la beauté universelle.

Ce qui est sujet à la mort ne saurait offrir de bonheur au sage; il ne doit point s'attacher à ce que le temps peut flétrir.

Les désirs effrénés des sens, ces désirs qui tuent l'ame, ne sont pas de l'amour! L'amour épure nos ames ici-bas, après la mort il les divinise.

* Voyez la note préliminaire.

SONETTO III.

La forza d'un bel volto al ciel mi sprona,
Ch'altro in terra non è che mi diletti,
E vivo ascendo tra gli spirti eletti,
Grazia ch'ad uom mortal raro si dona.

Sì ben col suo fattor l'opra consuona [1],
Ch'a lui mi levo per divin concetti,
E quivi 'nformo [2] i pensier tutti e i detti,
Ardendo, amando per gentil persona.

Onde, se mai da due begli occhi il guardo
Torcer non so, conosco in lor la luce
Che mi mostra la via ch'a Dio mi guide [3];

E se nel lume loro acceso io ardo,
Nel nobil foco mio dolce riluce
La gioia che nel cielo eterna ride [4].

SONNET III.

Par la puissance de la beauté qui seule me charme ici-bas, je prends l'essor vers les cieux ; et je monte vivant au milieu des élus, faveur rarement accordée aux mortels.

La créature est tellement en harmonie avec le créateur, que je m'élève, par de sublimes pensées, jusqu'à Dieu même, au sein de qui je puise mes paroles et mes sentiments, plein du feu dont je brûle pour cette noble dame.

Si mes regards ne peuvent se détacher des siens, c'est que je reconnais en eux seuls le flambeau qui doit me guider vers Dieu ;

Et qu'embrasé des feux dont ils brillent, je goûte, au milieu de ma flamme, cette ineffable joie qui sourit éternellement dans le ciel.

SONETTO IV.

Molto diletta al gusto intero e sano
L'opra della prim' arte [1], che n'assembra
I volti e gli atti, e con sue vive membra
Di cera, o terra, o pietra un corpo umano.

Se poi 'l tempo ingiurioso, aspro e villano
Lo rompe, o storce, o del tutto dismembra,
La beltà che prim' era si rimembra
Dentro 'l pensier che non l'accolse in vano [2].

Similemente la tua gran beltade,
Ch'esempio è di quel ben che 'l ciel fa adorno,
Mostroci [3] in terra dall' artista eterno,

Venendo men col tempo e con l'etade,
Tanto avrà più [4] nel mio desir soggiorno,
Pensando al bel ch'età non cangia, o verno.

SONNET IV.*

Combien il plaît, quand on sait le juger, cet art sublime qui, saisissant à-la-fois les traits et les attitudes, nous offre, dans des membres de cire, ou de terre, ou de marbre, un être presque animé !

Si jamais le temps outrageux et barbare mutile, brise ou détruit ce chef-d'œuvre de l'art, sa beauté première revit dans la pensée où elle ne s'est pas imprimée en vain.

Ainsi tes divins attraits, image de la perfection qui embellit le ciel même, s'offrent à nous sur la terre comme un œuvre de l'artiste éternel.

Quand ils auront souffert les injures du temps, ils n'en seront que plus profondément gravés dans mon cœur passionné pour ce beau, que ni les ans, ni les hivers ne peuvent jamais changer.

---

* Voyez la note préliminaire.

SONETTO V.

Non so se e' s'è [1] l'immaginata luce
Del suo primo fattor, che l'alma sente,
O se dalla memoria o dalla mente
Alcuna altra beltà nel cuor traluce;

O se nell'alma ancor risplende e luce
Del suo primiero stato il raggio ardente,
Di se lasciando un non so che cocente,
Ch'è forse quel ch' a pianger mi conduce;

Quel ch'io sento e ch'io veggio, e chi mi guidi [2]
Meco non è, nè so ben veder dove
Trovar mel possa, e par ch'altri mel mostri.

Questo, donna, m'avvien poi ch'io vi vidi [3],
Ch'un dolce amaro, un sì e no mi muove [4];
Certo saranno stati gli occhi vostri.

SONNET V.

Est-ce l'éclat ravissant du créateur suprême qui me frappe, qui me saisit? Est-ce quelque autre beauté que mon imagination ou ma mémoire vient offrir à mon cœur?

Est-ce enfin la lumière brillante, dont rayonnait mon ame dans son état primitif, qui, rejaillissant en elle aujourd'hui, y cause cette impression brûlante d'où semblent naître mes pleurs?

Ah! j'ignore ce que je sens, ce que je vois, ce qui m'entraîne : la cause en est hors de moi; je crois l'apercevoir chez un autre, et ne puis l'expliquer.

Femme adorable! ce je ne sais quoi qui m'agite; cette douceur mêlée d'amertume, je l'éprouve depuis que je vous ai vue : vos yeux seuls en sont donc la cause?

SONETTO VI.

Non è colpa mai sempre empia e mortale
Per immensa bellezza un grande amore [1],
Se poi si lascia rammollito il cuore
Sì, che'l penetri un bel divino strale.

Amore sveglia, e muove, e impenna l'ale [2]
Per alto volo, ed è spesso il suo ardore
Il primo grado ond'al suo creatore,
Non ben contenta quì [3], l'anima sale.

L'amor che di te parla [4], in alto aspira,
Ned è vano e caduco; e mal conviensi
Arder per altro a cuor saggio e gentile:

L'un tira al cielo, e l'altro a terra tira:
Nell'alma l'un, l'altro abita nei sensi,
E l'arco volge a segno e basso e vile.

SONNET VI.*

Non, cet ardent amour, qu'allume en notre sein une beauté ravissante, n'est pas toujours coupable envers Dieu, si le cœur, attendri peu-à-peu par ce doux sentiment, n'en devient que plus accessible aux traits de la lumière divine.

L'amour nous ranime et nous excite; il nous donne des ailes pour voler aux plus hautes régions, et souvent sa brûlante flamme est le premier degré d'où l'ame, inquiète ici-bas, s'élance vers le créateur.

Ah! celui que tu inspires, n'a rien de vain ni de fragile: tous ses désirs sont élevés; c'est le seul qui convienne à un cœur noble et vertueux.

Cet amour rapproche l'homme des cieux, l'autre le rabaisse à la terre; le premier a son siége dans l'ame, le second dans les sens; il ne tend jamais qu'aux choses basses et méprisables.

---

* Voyez la note préliminaire.

SONETTO VII.

Ben può talor col mio ardente desio
Salir la speme, e non esser fallace;
Che s'ogni nostro affetto al ciel dispiace,
Fatto a che fine avrebbe 'l mondo Iddio?

Qual più giusta cagion dell'amarti io,
Che render gloria a quell'eterna pace [1]
Onde pende il divin che di te piace [2],
E ch'ogni cor gentil fa casto e pio?

Fallace speme ha sol l'amor che muore [3]
Con la beltà che scema a ciascun'ora,
Perch'è suggetto al variar d'un viso.

Certa è ben quella in un pudico cuore,
Che per cangiar di scorza non si sfiora
Nè langue, e quì caparra [4] il paradiso.

SONNET VII.

Oui, sans crainte d'être déçu, je sens que l'espoir, dans mon ame, peut quelquefois égaler le désir; car Dieu ne nous eût pas mis dans ce monde, si toutes nos affections avaient dû lui déplaire.

Et qui pourrait mieux justifier mon amour pour toi que l'hommage même que j'offre à ce Dieu de paix dont tu tiens les charmes qui t'embellissent, et pour lesquels tout cœur noble ne brûle que des plus chastes feux?

Seul, il peut concevoir des espérances vaines, cet amour périssable comme l'objet qui l'inspire, parce que sa constance est soumise à la durée de la beauté.

Mais celui que la chute d'une dépouille fragile et terrestre n'éteint ni ne flétrit dans une ame vertueuse, celui-là est vraiment immuable et devient le gage assuré de la béatitude céleste.

SONETTO VIII.

Passa per gli occhi al cuore in un momento
Di beltate ogni obbietto e leggiadria
Per sì piana, ed aperta, e larga via,
Che 'nvan forza il contrasta [1] e ardimento.

Ond' io dubbio fra me temo, e pavento
L'error ch'ogni alma dal suo fin desvia [2],
Nè so qual vista tra i mortali sia,
Che non si fermi al breve uman contento [3].

Pochi s'alzano al cielo [4]; a chiunque vive
D'amor nel fuoco e bee del suo veleno [5],
(Poichè fatale è amore al viver dato) [6],

Se grazia nol trasporta all'alte e dive
Bellezze, e i desir là volti non sieno,
Oh che miseria è l'amoroso stato!

SONNET VIII.

L'IMAGE de tout ce qui est beau, de tout ce qui charme, passe, en un moment, des yeux au fond du cœur, par un chemin si doux, si facile, si vaste, que la force et le courage ne peuvent lui résister.

De là, mes craintes et mon inquiétude; de là, l'effroi que m'inspire toute erreur qui peut égarer l'ame; où serait ma confiance? quand, parmi les mortels, je ne vois rien qui ne tende aux plaisirs fugitifs de ce monde.

Peu d'hommes purifient leur cœur aux saintes flammes du ciel! et toutefois l'amour étant un mal attaché à la vie, quel plus affreux tourment que de vivre embrasé de ses feux, abreuvé de ses noirs poisons, si, par l'effet de sa grace, Dieu ne ramène enfin sur lui-même cette ardeur passionnée!

SONETTO IX.

Veggio co' bei vostri occhi un dolce lume,
Che co' miei ciechi già veder non posso;
Porto co' vostri passi un pondo addosso [1],
Che de' miei stanchi non fù mai costume.

Volo con le vostr'ali senza piume [2],
Col vostro ingegno al ciel sempre son mosso,
Dal vostro arbitrio son pallido e rosso,
Freddo al sol, caldo alle più fredde brume.

Nel voler vostro sta la voglia mia,
I miei pensier nel cuor vostro si fanno,
Nel vostro spirto son le mie parole.

Come luna [3] per se sembra ch'io sia,
Che gli occhi nostri in ciel veder non sanno,
Se non quel tanto che n'accende il sole.

SONNET IX.

Vos beaux yeux me font voir une douce lumière dont mes regards voilés n'auraient jamais pu jouir; votre appui soutient ma faiblesse sous le poids inaccoutumé de l'amour.

C'est vous qui me donnez l'essor; c'est votre génie qui m'élève incessamment vers le ciel. Faible, abattu, ou plein d'énergie et de force, je suis, à votre gré, brûlant au milieu des frimats, ou glacé sous les feux de l'été.

Je n'ai d'autre volonté que la vôtre; je puise mes pensées dans votre ame, mes expressions dans votre esprit.

Je ressemble à l'astre des nuits, qui réfléchit seulement à nos yeux l'éclat que le soleil lui prête.

SONETTO X.

Non so figura alcuna immaginarmi [1],
O di nud'ombra o di terrestre spoglia,
Col più alto pensier, tal che mia voglia
Contro alla tua beltà di quella s'armi;

Che, da te scevro, tanto cader parmi,
Che 'l cor d'ogni valor si priva e spoglia;
Sicchè pensando di scemar mia doglia,
L'accresco, ond'ella morte viene a darmi.

Però non val che più sproni mia fuga [2],
Mentre mi segue la beltà nemica,
Che 'l men dal più veloce non si scosta [3].

Amor con le sue man gli occhi mi asciuga [4],
Promettendomi dolce ogni fatica;
Che cosa vil non è che tanto costa.

SONNET X.

Ni la réalité, ni la fiction, malgré l'élan de ma pensée, ne m'offrent aucune beauté que je puisse, selon mes désirs, opposer victorieusement à la tienne.

Si je m'éloigne de toi, mon esprit est soudain abattu, mon ame demeure sans force; et, croyant calmer ainsi ma douleur, je ne fais hélas! que l'accroître au point de me donner la mort.

Que me servirait désormais de vouloir précipiter ma fuite, si l'image de cette beauté ennemie est sans cesse attachée à mes pas? Évite-t-on par une fuite prompte, une poursuite plus prompte encore?

Mais l'amour essuyant mes pleurs d'une main caressante, me promet des douceurs dans mes maux. Ce qui cause tant de peine, en effet, ne saurait être sans prix!

SONETTO XI.

Fuggite, amanti, Amor, fuggite il fuoco;
Suo 'ncendio è aspro [1], e la piaga è mortale.
Chi per tempo nol fugge, indi non vale
Nè forza, nè ragion, nè mutar loco [2].

Fuggite, che 'l mio esempio or non fia poco,
Per quel che mi ferì possente strale [3];
Leggete in me qual sarà 'l vostro male,
Qual sarà l'empio e dispietato gioco [4].

Fuggite, e non tardate, al primo sguardo [5];
Ch'io pensai d'ogni tempo aver accordo,
Or sento, e voi 'l vedete, com' i' ardo.

Stolto chi, per desio fallace, e ingordo [6]
D'una vaga beltade, incontro al dardo
Sen va d'Amor, cieco al suo bene e sordo [7]!

SONNET XI.*

Fuyez, amants, fuyez l'amour et ses ardeurs ; sa flamme est âpre ; sa blessure mortelle. Qui ne le fuit soudain, lui opposera vainement plus tard le courage et la force, l'absence et la raison.

Fuyez : que le trait mortel qui m'a frappé ne soit pas pour vous une stérile leçon ! Voyez en moi les maux qui vous attendent, et combien sont barbares les jeux de cet enfant.

Fuyez-le, sans tarder, fuyez dès le premier regard. Je crus pouvoir en tout temps obtenir de lui le repos : hélas ! voyez maintenant le feu qui me dévore.

Insensé, celui qui, violemment épris d'une beauté séduisante, égaré par de trompeurs désirs, ferme l'oreille et les yeux à son propre bonheur, pour courir au-devant des traits empoisonnés de l'amour !

---

* Voyez la note préliminaire.

SONETTO XII.

Se nel volto per gli occhi il cuor si vede [1],
Esser, donna, ti può già manifesto
Il mio profondo incendio, e vaglia or questo,
Senza altri preghi, a domandar mercede.

Ma forse tua pietà, con maggior fede
Ch'io non penso, risguarda il fuoco onesto [2],
E quel desio ch'a ben oprar m'ha desto [3],
Come grazia ch'abbonda a chi ben chiede [4],

O felice quel dì! se questo è certo,
Ferminsi in un momento il tempo e l'ore,
E 'l sol non segua più sua antica traccia [5],

Perch'io n'accoglia, che tanto ho sofferto,
Il desiato mio pegno d'amore
Per mai sempre fruir nelle mie braccia.

SONNET XII.

S'il est vrai que les yeux soient le miroir de l'ame, tu as déjà pu voir dans les miens le feu qui me consume; et n'est-ce pas assez pour mériter ta pitié, sans recourir aux prières?

Mais, peut-être plus touchée que je n'ose l'espérer de cette chaste flamme à laquelle je dois mes vertus et ma gloire, tu souris à mon amour, comme digne d'être exaucé par la pureté de ses vœux.

Jour fortuné! si mon cœur ne s'abuse, que le temps s'arrête soudain; que le soleil cesse de poursuivre son antique carrière;

Pour qu'après tant de souffrances, je reçoive le prix si désiré de mon amour, et que je jouisse à jamais dans son ineffable possession.

SONETTO XIII.

Com' esser, donna, puote [1], e pur se 'l vede
La lunga esperienza, che più dura
Immagin viva in pietra alpestre e dura,
Che 'l suo fattor, che morte in breve fiede [2]?

La cagione all' effetto inferma cede [3],
Ed è dall' arte vinta la natura;
Io 'l so ch' amica ho sì l' alma scultura [4],
E veggo il tempo omai rompermi fede [5].

Forse [6] ad amendue noi dar lunga vita
Posso, o vuoi nei colori, o vuoi nei sassi,
Rassembrando di noi l' affetto e 'l volto;

Sicchè, mill' anni dopo la partita,
Quanto tu bella fosti ed io t' amassi
Si veggia, e come a amarti io non fui stolto [7].

SONNET XIII.*

Comment se peut-il (et cependant l'expérience l'atteste) qu'une figure, tirée d'un bloc insensible et brut, ait une plus longue existence que l'homme dont elle fut l'ouvrage, et qui lui-même, au bout d'une brève carrière, tombe sous les coups de la mort?

L'effet ici l'emporte sur la cause, et l'art triomphe de la nature même. Je le sais, moi pour qui la sculpture ne cesse d'être une amie fidèle, tandis que le temps, chaque jour, trompe mes espérances.

Peut-être puis-je, ô mon amie, nous assurer, à tous deux, un long souvenir dans la mémoire des hommes, en confiant à la toile, ou au marbre, nos traits et nos sentiments.

Mille ans après nous encore, on saura quel fut mon amour pour toi; on verra combien tu fus belle, et combien j'eus raison de t'aimer.

---

* Voyez la note préliminaire.

SONETTO XIV.

S'un casto amor, s'una pietà superna,
S'una fortuna [1] infra duo [2] amanti eguale,
Cui sia comune ognor la gioia e 'l male,
Quando uno spirto sol due cor governa [3];

S'una anima in duo corpi fatta eterna,
Ambo levando al cielo e con pari ale,
S'un simil fuoco, ed un conforme strale
Ch' altamente in due sen vive e s'interna [4];

S'amar l'un l'altro, e nessun mai se stesso,
Sol desiando amor d'amor mercede [5],
E se quel che vuol l'un l'altro precorre,

A scambievole imperio sottomesso [6],
Son segni pur di indissolubil fede,
Or potrà sdegno tanto nodo sciorre [7]?

SONNET XIV.

Si l'amour le plus chaste, uni à la plus haute piété; si une fortune, des plaisirs et des maux également répartis entre deux amants qu'un même désir anime;

Si une seule ame en deux corps, et un même élan vers le ciel; si une égale flamme, nourrie à-la-fois dans deux cœurs que le même trait a profondément blessés;

Si une préférence mutuelle, et l'oubli constant de soi-mème; si un amour qui ne veut d'autre prix que l'amour; si enfin des prévenances, des soins réciproques, et un empire mutuellement exercé l'un sur l'autre, sont les indices certains d'un attachement inviolable, un moment de dépit rompra-t-il de tels nœuds?

SONETTO XV.

Se 'l fuoco fosse alla bellezza eguale
De' bei vostri occhi, che da quei si parte,
Non fora in petto alcun gelata parte
Senza l'ardor che sì crudel n'assale [1].

Ma 'l ciel pietoso d'ogni nostro male,
Del sovrano splendor che 'n voi comparte
Lo intero rimirar ci toglie in parte,
Per l'incendio temprare aspro e mortale [2].

Non è par [3], dico, il fuoco alla beltade;
Che sol di quella parte uom s'innamora,
Che, vista ed ammirata, è da noi intesa.

Però se, lasso [4]! in questa inferma etade
Non vi par che per voi io arda e mora,
Poco conobbi, e l'alma è poco accesa.

SONNET XV.

Si l'amour, qu'on puise dans vos yeux, égalait leur beauté ravissante, est-il un cœur assez froid qu'une pareille flamme ne consumât tout entier ?

Mais, pour tempérer cette ardeur brûlante et mortelle, le ciel, compatissant à nos maux, nous dérobe en partie l'éclat brillant dont il vous a douée.

Non, l'amour que vous inspirez n'égale point vos attraits, car l'homme ne peut s'enflammer que pour ce qu'il est capable de voir, d'admirer et de comprendre.

Et moi-même, hélas! dans ma languissante vieillesse, si je ne vous semble pas assez épris de vos charmes, c'est qu'il ne m'a pas été donné de les pleinement connaître.

SONETTO XVI.

Per esser manco [1], alta signora, indegno
Del don di vostra immensa cortesia,
Con alcun merto ebbe desire in pria
Precorrer lei mio troppo umile ingegno.

Ma scorto poi ch'ascender a quel segno
Proprio valor non è ch'apra la via,
Vien men la temeraria voglia mia,
E dal fallir più saggio al fin divegno.

E veggio ben com'erra, s'alcun crede
La grazia che da voi divina piove [2]
Pareggiar l'opra mia caduca e frale.

L'ingegno, e l'arte, e l'ardimento cede;
Che non può con mill'opre, e chiare e nove
Pagar celeste don virtù mortale [3].

SONNET XVI.*

Voulant paraître, ô noble dame, moins indigne de vos bontés, j'essayai, malgré mon faible génie, de me montrer avec quelque mérite à vos yeux.

Mais, pour accomplir ce dessein, reconnaissant bientôt l'insuffisance de mes forces, je réprimai ce téméraire désir, et l'écueil m'a rendu plus sage.

Comment oser comparer mes œuvres périssables à ces divines faveurs que vous savez dispenser! tout leur cède : talent, génie, audace même.

Car il n'est pas au pouvoir d'un mortel de rien produire d'assez beau, ni d'assez précieux pour dignement reconnaître d'aussi célestes dons.

---

* Voyez la note préliminaire.

SONETTO XVII.

Sovra quel biondo crin, di fior contesta,
Come sembra gioir l'aurea ghirlanda!
Ma quel che più superbo innanzi manda [1],
Gode esser primo di baciar la testa.

Stassi tutto il dì lieta quella vesta
Che 'l petto serra, e poi vien che si spanda,
E 'l bell'oro non men, che d'ogni banda
Le guance e 'l collo di toccar non resta [2].

Ma vie più lieto il nastro par che goda,
Che con sì dolci e sì soavi tempre [3]
Tocca e preme il bel petto ch'egli allaccia;

E la schietta cintura, onde s'annoda
Il fianco, dice [4]: quì vo' stringer sempre;
Or che farebber dunque l'altrui braccia?

SONNET XVII.

Qu'il est doux le destin de ces fleurs dont ta blonde chevelure est ornée! avec quel orgueil l'une d'elles semble jouir des baisers qu'elle prodigue la première à ton front!

Cette robe qui, tout le jour, te couvre de ses plis amoureux; ces parures d'or qui, de chaque côté, tombent en caressant à-la-fois ton col et ton visage, ont-elles un sort moins désirable?

Mais, plus heureux encore, dans ses contours voluptueux, le ruban qui touche et qui presse ce beau sein sur lequel il s'enlace!

Ah! si dans la ceinture même qui se noue autour de ta taille, on croit voir le désir de ne s'en jamais détacher, que serait-ce des bras d'un amant?

SONETTO XVIII.

Quando il principio dei sospir miei tanti
Fu per morte dal cielo al mondo tolto,
Natura, che non fe'[1] mai si bel volto,
Restò in vergogna [2], e chi lo vide in pianti.

O sorte rea dei miei desiri amanti,
O fallaci speranze, o spirto sciolto,
Dove se' or? La terra ha pur raccolto
Tue belle membra, e 'l ciel tuoi pensier santi [3].

Mal si credette Morte acerba [4] e rea
Fermare il suon di tue virtuti sparte,
Ch'obblio di Lete estinguer non potea [5];

Che spogliato da lei [6], ben mille carte
Parlan di te; nè per te 'l cielo avea
Lassù, se non per morte, albergo e parte [7].

SONNET XVIII.*

Lorsque, par l'ordre du ciel, la mort ravit au monde celle pour qui j'ai tant soupiré, ceux qui l'avaient connue versèrent des larmes; la nature, dont elle était le plus bel ouvrage, parut dans la consternation.

O destinée contraire à mon amour! espérance trompeuse! ô esprit pur, dégagé de tous liens! où es-tu maintenant? la terre recouvre ton beau corps, et le ciel a reçu ton essence divine.

En vain la mort cruelle inattendue crut pouvoir éteindre avec toi jusqu'au renom de tes vertus: le fleuve d'oubli n'engloutira point ta mémoire; privé de toi, le monde possède encore mille écrits qui t'immortalisent, et ses regrets s'adoucissent en pensant que tu quittas cette terre, pour aller habiter les cieux.

---

* Voyez la note préliminaire.

SONETTO XIX.

Arder solea dentro il mio ghiaccio il fuoco,
Or m'è l'ardente fuoco un freddo ghiaccio,
Disciolto [1] amor quell'insolubil laccio,
E doglia or m'è, che m'era festa e gioco.

Quel primo amor, che mi diè posa e loco [2]
Nelle miserie mie, n'è grave impaccio
All'alma stanca; ond'io gelido giaccio [3],
Com' uomo a cui di vita riman poco.

Ahi cruda morte [4], come dolce fora [5]
Il colpo tuo, se, spento un degli amanti,
Così l'altro traessi all'ultim'ora!

Io non trarrei or la mia vita in pianti,
E, scarco del pensier che m'addolora,
L'aer non empierei di sospir tanti [6].

SONNET XIX.

Ils sont rompus ces liens qu'en apparence l'amour avait formés indestructibles; un froid mortel a remplacé dans mon sein le feu, qui m'embrasait, et mes joies se sont changées en douleurs.

Ce premier amour, qui apporta tant de soulagement à mes peines, oppresse maintenant mon cœur, et, semblable au corps défaillant qu'un reste de vie abandonne, je demeure immobile et glacé.

Mort impitoyable! que tes coups auraient de douceur pour de tendres amants, si, quand tu frappes l'un d'eux, l'autre aussi touchait à sa dernière heure!

Je ne traînerais point aujourd'hui ma triste vie dans les larmes, et, libre enfin des pensées dont ma douleur s'alimente, je ne ferais plus retentir l'air de mes soupirs.

SONETTO XX.

Qui intorno fu dove 'l mio ben mi tolse,
Sua mercè [1], 'l core, e dopo quel la vita:
Quì coi begli occhi mi promise aita,
E quì benignamente mi raccolse.

Quinci oltre mi legò, quì mi disciolse,
Quì risi e piansi, e con doglia infinita
Da questo sasso vidi far partita [2]
Colei ch' a me mi tolse e non mi volse [3].

Quì ritorno sovente e quì m'assido,
Nè per le pene men che pei contenti,
Dov'io fui prima preso onoro il loco [4].

Dei passati miei casi or piango, or rido,
Come, Amor, tu mi mostri, e mi rammenti
Dolce o crudo il principio del mio foco.

SONNET XX.*

C'est ici que mon unique bien daigna soumettre à ses lois et mon cœur et ma vie; ici que ses beaux yeux flattèrent mon espoir; là que son accueil pour moi fut doux et favorable.

En cet endroit sa main forma mes chaînes; dans cet autre, elle les brisa; ici je fus dans l'ivresse, et là dans la douleur; enfin, c'est de ce rocher que j'ai vu, avec désespoir, s'éloigner celle qui me ravit à moi-même, et qui m'a délaissé.

Souvent je reviens m'asseoir dans ces lieux où mon cœur, pour la première fois, perdit sa liberté; dans ces lieux que les chagrins, autant que les plaisirs que j'y éprouvai, m'ont rendus chers;

J'y retrouve des souvenirs tantôt tristes, tantôt riants, selon que tu te plais, amour, à me rappeler les rigueurs ou les bontés de l'objet qui m'enflamme.

---

* Voyez la note préliminaire.

SONETTO XXI.

Dal mondo scese ai ciechi abissi [1], e poi
Che l'uno e l'altro inferno vide, e a Dio,
Scorto dal gran pensier, vivo salío,
E ne diè in terra vero lume a noi [2];

Stella d'alto valor coi raggi suoi
Gli occulti eterni a noi ciechi scoprío [3],
E n'ebbe il premio al fin che 'l mondo rio
Dona sovente ai più pregiati eroi [4].

Di Dante mal fur l'opre conosciute,
E 'l bel desio [5], da quel popolo ingrato [6]
Che solo ai giusti manca di salute.

Pur fuss'io tal [7]! ch'a simil sorte nato,
Per l'aspro esilio suo con la virtute,
Darei del mondo il più felice stato.

SONNET XXI.*

Descendu de ce monde dans les abîmes ténébreux, le Dante parcourut l'un et l'autre enfer, et, de là se livrant au sublime essor de la pensée, il s'éleva vivant jusqu'à Dieu même, dont il donna la vraie connaissance aux mortels.

Astre éclatant, ses rayons découvrirent à nos yeux, auparavant aveugles, les mystères de l'éternité ; le prix qu'il en obtint fut celui qu'un monde injuste et coupable ne donne que trop souvent aux plus grands hommes.

On ne sut point apprécier le Dante, ni son sincère amour pour ce peuple ingrat qui n'est ennemi que des justes.

Toutefois, que ne suis-je né pour un semblable destin ! à l'état le plus heureux de ce monde, j'aurais préféré ses vertus et son cruel exil.

* Voyez la note préliminaire.

SONETTO XXII.

Quanto dirne si dee non si può dire,
Che troppo agli orbi [1] il suo splendor s'accese;
Biasmar si può più 'l popol che l'offese
Ch'al minor pregio suo lingua salire.

Questi discese ai regni del fallire
Per noi insegnare, e poscia a Dio n'ascese;
E l'alte porte il ciel non gli contese,
Cui la patria le sue negò d'aprire.

Ingrata patria, e della sua fortuna [2]
A suo danno nutrice! e n'è ben segno
Ch'ai più perfetti abbonda di più guai.

E fra mille ragion vaglia quest'una:
Ch'egual non ebbe il suo esilio indegno,
Com' uom maggior di lui quì non fu mai [3].

SONNET XXII.*

Jamais on ne dira de lui tout ce qu'il en faut dire : l'éclat de son génie fut trop vif pour les faibles yeux des mortels, et il est plus aisé de blâmer le peuple qui l'outragea, que de s'élever au moindre éloge digne d'un tel poète.

Il descendit, pour notre enseignement, dans les royaumes du péché, et de là s'élevant jusqu'à Dieu, les portes du ciel s'ouvrirent devant celui à qui la patrie avait fermé les siennes.

Peuple ingrat! en faisant son malheur, tu fis le tien; tu montras que c'est aux plus vertueux qu'est réservé le plus de maux.

Qu'une preuve suffise entre mille : jamais il n'y eut d'exil plus injuste que le sien, comme il ne fut jamais d'homme plus grand que lui sur la terre.

---

* Voyez la note préliminaire.

SONETTO XXIII.

Io fu', già son molt'anni, mille volte
Ferito e morto, non che vinto e stanco [1]
Dalla tua forza, ed or che 'l crine ho bianco
Attenderò le tue promesse stolte?

Quante fiate hai strette e quante sciolte
Mie voglie, lasso! e con che sprone al fianco [2]
M' hai fatto diventar pallido e bianco,
Bagnando 'l petto con lacrime molte?

Di te mi dolgo, Amor, teco, Amor, parlo [3]:
Scevro da tue lusinghe, a che bisogna
Prender l'arco crudel, tirar a voto [4]?

In legno incenerito o sega o tarlo [5]
Che vale? e correr dietro è gran vergogna
A chi troppo ha perduto e lena e moto.

SONNET XXIII.*

Amour! tu m'as, il est vrai, mille fois vaincu et mortellement blessé dans ma jeunesse; mais aujourd'hui, sous mes cheveux blanchis, puis-je me laisser prendre encore à tes promesses frivoles?

Hélas! combien de fois as-tu tour-à-tour rallumé ou étouffé mes désirs! combien de fois m'as-tu vu, le sein baigné de larmes, trembler et pâlir sous tes coups!

Amour! c'est à toi que je parle, et c'est de toi que je me plains. Désabusé de tes flatteurs mensonges, je ne crains plus tes traits cruels; tu les diriges en vain contre moi.

Que peut la scie ou le ver contre le bois réduit en cendres? Et n'y a-t-il pas de la honte à poursuivre celui qui manque à-la-fois et d'haleine et de force?

* Voyez la note préliminaire.

SONETTO XXIV.

Tornami al tempo[1], allor che lenta e sciolta
Al cieco ardor m'era la briglia e 'l freno[2],
Rendimi 'l volto angelico sereno,
Onde a natura ogni virtute è tolta,

E i passi sparsi con angoscia molta,
Che son sì lenti a chi è d'anni pieno[3],
Rendimi[4], e l'acqua e 'l fuoco in mezzo il seno,
Se vuoi ch'i' arda e pianga un'altra volta.

E s'egli è pur, Amor, che tu sol viva
Dei dolci amari pianti[5] dei mortali,
D'un vecchio esangue omai puoi goder poco;

E l'alma quasi giunta all'altra riva
Tempo è che d'altro amor provi gli strali,
E si faccia esca di più degno fuoco[6].

SONNET XXIV.

Amour, si tu veux que je brûle et souffre encore sous tes lois, rends-moi ce jeune âge où, libre de tout frein, je me livrais aveuglément à tes feux; rends-moi cette angélique beauté dont la perte a privé la nature de tous ses charmes;

Rends-moi ce besoin inquiet de porter çà et là mes pas devenus si tardifs sous le poids des ans; rends enfin à mes yeux leurs larmes, à mon sein le feu qui l'embrasait.

Mais s'il est vrai que tu vives de pleurs, de ces pleurs doux et amers que versent les mortels, qu'attends-tu désormais d'un vieillard défaillant?

Il est temps que mon ame, prête à passer sur l'autre rive, soit accessible aux traits d'un autre amour, et brûle d'un feu plus noble que le tien.

SONETTO XXV.

Io di te, falso Amor, molti anni sono,
Nutrita ho l'alma, e, se non tutto, in parte,
Il corpo ancor [1], che tua mirabil arte
Regge altri in vita ch'al cader è prono.

Or, lasso [2]! alzo i pensier su l'ali, e sprono
Me stesso a più sicura e nobil parte,
E de' mie' falli [3], onde ben mille carte
Son piene omai [4], a Dio chieggio perdono.

Altro amor [5] mi promette eterna vita,
D'altre bellezze, e non caduche, vago,
Mentre a' suoi strali il cuor tutto disarmo.

Questo mi punga [6], ed ei mi porga aita;
Che di celeste speme alfin m'appago,
Anzi che 'l cener mio [7] copra d'un marmo.

SONNET XXV.

Amour trompeur! depuis long-temps, c'est toi qui remplis mon ame, toi qui nourris mon corps en quelque sorte, car ton magique pouvoir nous soutient même au bord du tombeau.

Las de ton joug, je m'élève sur les ailes de la pensée, vers un objet et plus noble et plus vrai : je demande à Dieu qu'il me pardonne des fautes dont le souvenir vivra gravé dans mille écrits.

Mon cœur, épris d'une beauté qui n'est point périssable, vient lui-même s'offrir sans défense aux traits de cet amour qui assure la vie éternelle ;

Qu'il frappe ! ses coups me seront secourables ; je ne veux plus me nourrir que des espérances du ciel, en attendant que la tombe couvre ma froide dépouille.

SONETTO XXVI.

Carico d'anni [1], e di peccati pieno,
E nel mal uso radicato e forte [2],
Vicin mi veggio all'una e all'altra morte [3],
E in parte il cuor nutrisco di veleno.

Nè proprie ho forze ch'al bisogno sieno
Per cangiar vita, amor, costume, e sorte,
Senza le tue divine e chiare scorte,
Nel mio fallace corso, e guida e freno [4].

Ma non basta, signor, che tu ne invogli
Di ritornar colà l'anima mia,
Dove per te di nulla fù creata:

Prima che del mortal [5] la privi e spogli,
Col pentimento ammezzami la via,
E fia più certa a te tornar beata.

SONNET XXVI.*

Chargé d'ans, plein de péchés, et endurci dans le mal, me voilà, hélas! près de l'une et de l'autre mort, sans que l'amour ait cessé d'empoisonner mon cœur.

Grand Dieu! si tu ne viens à mon aide, où trouverai-je, selon l'urgence, un guide assuré dans le cours de cette vie mensongère? Où puiserai-je la force de changer de conduite et de mœurs et d'amour?

Non, Seigneur, ce n'est point assez d'avoir nourri, dans mon ame, cet immense désir de retourner au séjour où ta volonté la forma du néant;

Il faut de plus, avant que tu la dégages de ses liens mortels, il faut qu'un repentir sincère lui aplanisse la voie du ciel, et la rende plus certaine encore du bonheur qu'elle doit retrouver dans ton sein.

* Voyez la note préliminaire.

SONETTO XXVII.

Forse perchè d'altrui pietà mi vegna,
Perchè dell'altrui colpe io più non rida,
Seguendo mal sicura e falsa guida,
Caduta è l'alma che fu già sì degna [1].

Sotto qual debba ricovrare insegna [2]
Non so, signor, se la tua non m'affida;
Temo al tumulto dell'avverse strida
Perire [3], ove 'l tuo amor non mi sostegna.

La tua carne, il tuo sangue [4], e quella estrema
Doglia che ti diè morte, il mio peccato
Purghi in ch'io nacqui, e nacque il padre mio.

Tu solo il puoi, la tua pietà suprema
Soccorra al mio dolente iniquo stato,
Sì presso a morte, e sì lontan da Dio [5].

SONNET XXVII.

Si mon ame, égarée par un guide infidèle, est déchue de sa dignité première, c'est pour m'apprendre peut-être qu'il faut, dans leurs erreurs, plaindre les hommes, au lieu de les blâmer.

Mais, Seigneur, où trouverai-je un appui, si tu me retires le tien? Privé de ton amour tutélaire, je crains de succomber sous la révolte des sens.

Ah! que le sacrifice de ta chair, que le mérite de ton sang et de ta fin douloureuse vienne effacer ma tache originelle!

C'est à toi seul que j'ai recours; prends pitié de mon repentir; pardonne à mes iniquités, quand je suis si près de la mort, et si loin de toi, ô mon Dieu!

SONETTO XXVIII.

Scarco d'una importuna e grave salma,
Signore eterno, e dal mondo disciolto,
Qual fragil legno, a te stanco mi volto
Dall' orribil procella in dolce calma.

Le spine, i chiodi, e l'una e l'altra palma[1],
Col tuo benigno umil lacero volto[2],
Prometton grazia di pentirsi molto,
E speme di salute alla trist'alma[3].

Non miri con giustizia il divin lume
Mio fallo, o l'oda il tuo sacrato orecchio[4],
Nè in quel si volga il braccio tuo severo.

Tuo sangue lavi l'empio mio costume,
E più m'abbondi, quanto io son più vecchio,
Di pronta aita e di perdono intero[5].

SONNET XXVIII.

Detaché du monde, libre enfin du poids importun et cruel qui m'accablait, je viens, Seigneur, comme un frêle esquif battu par la tempête, chercher le calme dans ton sein.

Ta couronne d'épines, tes mains par le fer mutilées, ta douce et divine face outragée; voilà, pour mon ame inquiète, le gage d'un repentir immense, l'espoir fondé de son salut.

N'arrête point, dans ta justice, ton divin regard sur mes crimes, et que ma prière, entendue par ton oreille sainte, détourne loin de moi ton bras vengeur.

Lave dans ton sang mes souillures, proportionne, enfin, à mon âge, la promptitude de tes secours et l'abondance de tes miséricordes.

SONETTO XXIX.

Mentre m'attrista e duol, parte m'è caro
Ciascun pensier ch'a memoria mi riede
Del tempo andato, e che ragion mi fiede
De' dì perduti, onde non è riparo [1].

Caro [2] m'è sol, perch'anzi morte imparo
Quant'ogni uman diletto ha corta fede;
Tristo m'è, ch'a trovar grazia e mercede,
Negli ultimi anni, a molte colpe è raro.

Chè, bench'alle promesse tue s'attenda,
Sperar forse, signore, è troppo ardire,
Ch'ogni soperchio indugio amor perdoni.

Ma pur nel sangue tuo par si comprenda,
S'egual per noi non ebbe il tuo martire,
Ch'oltre a misura sian tuoi cari doni [3].

SONNET XXIX.

Quand le passé se retrace dans ma mémoire, quand le souvenir de tant de moments perdus sans retour vient frapper mon esprit, j'éprouve un sentiment mêlé de plaisir et d'amertume :

De plaisir, parce que devançant les leçons du trépas, je vois enfin toute la vanité des jouissances du monde; d'amertume, parce que je sens combien il est difficile d'obtenir si près du tombeau le pardon de tant de fautes.

Ah! malgré tes saintes promesses, puis-je espérer, Seigneur, sans trop de témérité, qu'un repentir si tardif trouve encore grace devant ton divin amour?

Mais quoi! ton sang versé pour nous ne nous apprend-il pas que, si ton martyre fut sans égal, ta clémence doit être sans bornes?

SONETTO XXX.

Deh! fammiti [1] vedere in ogni loco,
Chè, se infiammar dal tuo lume mi sento,
Ogni altro ardor nell'alma mia fia spento,
Per sempre accesa viver nel tuo foco.

Io te chiamo [2], signor, te solo invoco
Contro l'inutil mio cieco tormento;
Tu mi rinnuova in sen col pentimento
Le voglie, e 'l senno e 'l valor ch'è sì poco.

Tu desti al tempo l'anima ch'è diva,
E in questa spoglia sì fragile e stanca
La incarcerasti, e desti al suo destino [3];

Tu la nutri, e sostieni, e tu l'avviva;
Ogni ben senza te, signor, le manca;
La sua salute è sol poter divino.

SONNET XXX.*

Daigne, Seigneur, te manifester partout à mes yeux, pour que mon ame, pénétrée de ta lumière divine, étouffe toute ardeur qui te serait étrangère, et brûle éternellement dans ton amour.

Je crie vers toi, ô mon Dieu! c'est toi seul que j'invoque contre mon aveugle et vaine passion. Régénère en mon cœur, par un vif repentir, mes sentiments, mes désirs et ma vertu mourante.

Tu abandonnas au temps mon ame immortelle, et, captive sous sa fragile enveloppe, tu la livras au destin ;

Hélas! veille sur elle, et pour la fortifier et pour la soutenir : sans toi, elle est privée de tout bien, et son salut dépend de ta seule puissance.

---

* Voyez la note préliminaire.

SONETTO XXXI.

Vivo al peccato, ed a me morto vivo;
Mia vita non è mia, ma del peccato,
Dalla cui fosca nebbia traviato,
Cieco cammino, e son di ragion privo[1].

Serva mia libertà, per cui fiorivo,
A me s'è fatta, o infelice stato!
A che miseria, a quanto duol son nato,
Signor, se in tua pietade io non rivivo!

S'io mi rivolgo indietro, e veggio'l corso
Di tutti gli anni miei pieno di errore,
Non accuso altri che'l mio ardire insano;

Perchè, lentando a' miei desiri il morso,
Il bel sentier che n'adduce al tuo amore
Lasciai. Porgine or tu tua santa mano.

SONNET XXXI.

Ma vie ne m'appartient plus : je suis mort à moi-même ; je vis pour le péché. J'erre au milieu de ses ténèbres épaisses, frappé d'aveuglement et privé de raison.

Sort cruel ! cette liberté qui faisait mon bonheur et ma joie, cette liberté est désormais asservie. Quel tourment ! ô mon Dieu, quelle affliction pour moi, si tu ne me fais revivre en ta miséricorde !

Quand je rentre en moi-même ; quand j'examine ma vie écoulée au sein de l'erreur, j'accuse mon imprudente audace qui, abandonnant le frein à mes désirs insensés, m'éloigna du sentier si doux qui mène à ton amour. Seigneur, tends aujourd'hui vers moi une main secourable !

SONETTO XXXII.

Ben sarian dolci le preghiere mie,
Se virtù mi prestassi da pregarte;
Nel mio terreno infertil non è parte
Da produr frutto di virtù natíe [1].

Tu il seme se' dell'opre giuste e pie,
Che là germoglian dove ne fai parte;
Nessun proprio valor può seguitarte,
Se non gli mostri le tue belle vie.

Tu nella mente mia pensieri infondi [2]
Che producano in me sì vivi effetti,
Signor, ch'io segua i tuoi vestigj santi;

E dalla lingua mia chiari e facondi
Sciogli della tua gloria ardenti detti,
Perchè sempre io ti lodi, esalti, e canti [3].

SONNET XXXII.*

Que mes prières seraient douces, ô mon Dieu! si elles étaient l'effet de ta grace divine. Mon sein aride ne saurait porter aucun fruit de vertu naturelle.

Tu es le germe des œuvres justes et saintes; elles ne fructifient que là où tu les as semées. Nul, par sa propre force, ne se soutiendrait dans tes voies, si tu ne l'y guidais toi-même.

Inspire-moi, Seigneur, les pensées les plus salutaires pour marcher sur tes traces divines,

Et fais que ma voix, douée d'une vive et sublime éloquence, chante incessamment tes louanges, ta grandeur et ta gloire.

---

* Voyez la note préliminaire.

SONETTO XXXIII.

Non è più bassa o vil cosa terrena
Di quel che, senza te, misero! io sono;
Onde nel lungo error chiede perdono
La debile mia 'nferma e stanca lena [1].

Porgimi, alto Signor, quella catena [2]
Che seco annoda ogni celeste dono;
La fede, dico, a cui mi volgo e sprono,
Fuggendo il senso ch'a perir mi mena.

Tanto mi fia maggior quanto è più raro
Dei doni il dono; e maggior fia se, senza,
Pace e contento il mondo in se non have [3].

Per questa il fonte sol del pianto amaro
Mi può nascer nel cor di penitenza [4],
Nè 'l ciel si schiude a noi con altra chiave.

SONNET XXXIII.

Est-il rien, sur la terre, de plus indigne et de plus vil que moi, si tu m'abandonnes, ô mon Dieu ? Ma voix faible et mourante implore le pardon de mes longues erreurs.

Lie-moi par cette chaîne sainte où se rattachent tous tes célestes dons : je veux dire la foi. Ce n'est plus que vers elle que se tournent mes vœux ; je fuis les délices des sens qui mènent à la perdition éternelle.

Cette divine faveur sera d'autant plus précieuse pour moi qu'elle est plus rare, et que, sans elle, on ne trouve ici-bas ni paix ni bonheur véritables.

Oui, la foi seule fait jaillir dans le cœur la source des pleurs amers du repentir ; et les portes du ciel ne s'ouvrent que par elle.

SONETTO XXXIV.

Se spesso avvien che 'l gran desir prometta [1]
Molti lieti anni ai miei passati, ancora,
Manco m'è cara, e più m'è grave ognora
Tanto la vita quanto più diletta.

E che più vita [2], e che gioir s'aspetta?
Gioia terrena con lunga dimora,
Contento uman che sì l'alme innamora,
Tanto più nuoce quanto più n'alletta.

Però quando tua grazia in me rinnova
Fede, ed amor, con quello ardente zelo
Che vince 'l mondo, e l'alma fa sicura [3];

Quando più scarco tua pietà mi trova,
Stendi tua santa mano a trarmi al cielo;
Che in uman cuor giusto voler non dura [4].

SONNET XXXIV.

Souvent l'espoir qu'enfante le désir promet à mes jours passés quelques jours fortunés encore ; mais plus la vie offre d'appas, moins elle doit me sembler chère.

Pourquoi souhaiter en effet de plus longs jours et de nouveaux plaisirs, si toutes les joies de la terre nuisent d'autant plus à notre ame, qu'elles sont plus durables ou plus vives ?

Aussi lorsque ta grace viendra renouveler en moi cette foi, cet amour, ce zèle ardent qui rend vainqueur du monde, et remplit l'ame d'assurance ;

Lorsque tu me jugeras moins indigne de ta miséricorde, étends soudain sur moi ta main divine, ô seigneur, pour me ravir dans le ciel ; car les plus saintes résolutions ne durent point au cœur de l'homme.

SONETTO XXXV.

Giunto è già 'l corso della vita mia
Con tempestoso mar per fragil barca
Al comun porto, ov'a render si varca
Giusta ragion d'ogni opra trista e pia;

Onde l'affettuosa fantasia,
Che l'arte si fece idolo e monarca,
Conosco ben quant'era d'error carca [1];
Ch'errore è ciò che l'uom quaggiù desia.

Gli amorosi pensier già vani e lieti
Che fian or s'a due morti [2] m'avvicino?
L'una m'è certa, è l'altra mi minaccia.

Nè pinger [3], nè scolpir fia più che queti
L'anima volta a quell'amor divino,
Ch'aperse a prender noi in croce le braccia.

SONNET XXXV.*

Porté sur un fragile esquif au milieu d'une mer orageuse, j'arrive sur le soir de la vie, au port commun où tout homme vient rendre compte du bien et du mal qu'il a fait.

Je reconnais combien, dans son idolâtrie pour les arts, mon ame passionnée fut sujette à l'erreur : car il n'y a qu'erreur dans les affections terrestres de l'homme.

Pensers d'amour, si doux et si frivoles, que deviendrez-vous maintenant que je m'approche de deux morts, l'une certaine et l'autre menaçante ?

Ni la peinture, ni la sculpture ne me charmeront plus désormais : mon ame s'est livrée tout entière à l'amour de ce Dieu qui ouvrit ses bras sur la croix pour nous y recevoir.

---

* Voyez la note préliminaire.

SONETTO XXXVI.

Appena in terra i begli occhi vid'io,
Che fur due soli in questa oscura vita,
Che chiusi il dì dell'ultima partita,
Gli aperse il cielo a contemplare Iddio.

Conosco e duolmi, e non fù l'error mio
Per mirar tardi la beltà infinita,
Ma d'importuna morte, ond'è sparita
A voi non già [1] ma al mondo cieco e rio

Però, Luigi, a far l'unica forma
Dell'angelico volto in pietra viva,
Eterna, or ch'è già terra quì fra noi,

Se l'un nell'altro amante si trasforma,
E non veduta [2] l'arte non l'arriva,
Convien che per far lei ritragga voi.

SONNET XXXVI.*

Je les connus à peine ces beaux yeux qui brillèrent tels que deux astres, au milieu de ce monde plein de ténèbres, et qui, fermés un moment par la mort, se sont rouverts dans le ciel pour y contempler la divinité.

Ah! quels regrets pour moi d'avoir connu trop tard une si rare beauté! Mais ce n'est qu'aux indignes regards des mortels que l'odieux trépas l'a ravie; à vous, elle vous est toujours présente par la pensée.

Toutefois, cher Louis, l'art ne pouvant imiter que ce qu'il voit, pour reproduire en marbre, d'une manière aussi vraie que durable, cette angélique beauté qui n'est plus, hélas! que poussière; il faudrait, s'il est vrai que les amants soient identifiés, que, pour rendre ses traits, je copiasse les vôtres.

---

* Voyez la note préliminaire.

SONETTO XXXVII.

Per la via degli affanni e delle pene
Spero, la Dio mercè, trovare il cielo [1];
Ma innanzi al dispogliar del mortal velo
D'esser con voi vien meno ogni mia spene.

Pur s'aspra terra, e mar difficil tiene [2]
L'un dall'altro lontan, lo spirto e'l zelo
Non avrà intoppi nè per neve o gielo [3],
Nè l'ali del pensier lacci o catene.

Perchè pensando son sempre con voi,
E piango intanto del mio amato Urbino [4],
Che, vivo, or forse saria costà meco.

Cotal fù 'l desir mio; sua morte poi
Mi chiama, e tira per altro cammino,
Ed ei m'aspetta in cielo a albergar seco.

SONNET XXXVII.*

J'espère, avec la grace de Dieu, arriver au ciel, par le chemin des afflictions et des peines; mais ce qu'il ne m'est plus permis d'espérer, c'est de me rapprocher de vous, avant d'abandonner ma mortelle dépouille.

Cependant, malgré la mer orageuse et les terres qui nous séparent, mon amitié sait braver les frimats, surmonter les obstacles, et me transporter jusqu'à vous, sur les ailes de la pensée que rien n'enchaîne.

Plein de votre doux souvenir, je donne pourtant quelques larmes à mon cher et fidèle Urbin: que ne vit-il encore! il serait avec moi.

Hélas! c'était tout mon désir; mais son trépas m'appelle; il m'a ouvert le chemin, et m'attend dans le ciel.

---

* Voyez la note préliminaire.

SONETTO XXXVIII.

Se [1] con lo stile e coi colori avete
Alla natura pareggiata l'arte,
Anzi a quella scemato il pregio in parte,
Che 'l bel di lei più bello a noi rendete [2],

Poichè con dotta man posto vi sete [3]
A più degno lavoro, a vergar carte,
Se 'n lei di pregio ancor rimanea parte,
Nel dar vita ad altrui tutta togliete.

Che se secolo alcun giammai contese
Seco in bell'opre, almen le cede poi,
Che convien ch'al prescritto fine arrive.

Or le memorie altrui, già spente, accese
Tornando, fate ch'or sian quelle, e voi,
Malgrado d'essa, eternalmente vive [4].

SONNET XXXVIII.*

Sous tes crayons et tes pinceaux, l'art sait égaler la nature; que dis-je? tu lui ravis presque la palme en embellissant ses ouvrages.

Mais quand ta docte main s'applique à un travail plus noble encore : à écrire ; ton triomphe devient complet : tu donnes l'immortalité à des hommes.

Que si jamais, dans aucun siècle, l'art put rivaliser avec la nature, tôt ou tard ce qu'il a produit doit périr et la nature triompher ;

Mais toi, arrachant de l'oubli des souvenirs éteints, tu la forces à voir vivre autant qu'elle des noms qui iront, avec le tien, à l'immortalité.

* Voyez la note préliminaire.

NOTES.

SONNET I.

Ce sonnet, qui passe, au jugement de plusieurs critiques italiens, pour un des plus remarquables de ce recueil, a été l'objet d'une longue dissertation apologétique (1) faite par le docte Varchi, contemporain de Michel-Ange. On ne saurait croire, tout ce que cet écrivain, d'ailleurs fort érudit, a trouvé de moral, de philosophique, de religieux même dans ces quatorze vers. La métaphysique, qui était alors en vogue, lui a fourni matière à disserter pendant soixante pages; et le lecteur, doué d'assez de patience pour aller jusqu'au bout, passe successivement en revue, à propos d'un sonnet, les idées de Platon et les systèmes d'Anaxagore, les opinions d'Aristote et celles de Lucrèce, les rêveries d'Avicenne et les théorèmes de Marc-Antoine Zimarra, mêlés, on ne sait comment, avec les vers sublimes de Virgile, de Dante et de Pétrarque.

J'aurais pu moi-même, après Varchi, étaler une érudition d'autant plus facile qu'il en eût fait tous les frais; mais, comme on ne lit guère des vers que par manière d'amuse-

---

* Ben. Varchi lut cette dissertation dans l'Académie de la Crusca, du vivant même de Michel-Ange. Cet hommage public, dit M. Raynouard, le flatta beaucoup, et peut-être bien plus que les éloges qu'on lui accordait comme peintre, statuaire et architecte.

ment, j'ai voulu me borner, dans mes notes, à de simples observations littéraires et à quelques traits historiques tout naturellement liés au sujet, pour ne point trop m'éloigner, par la forme de mon travail, du caractère même des productions poétiques de Michel-Ange, qui ne furent jamais que l'œuvre du moment, que le délassement du génie.

A l'égard du jugement porté par quelques écrivains italiens, sur le sonnet de notre *artiste-poète*, je ferai observer, avec tout le respect dû à ces savants critiques, qu'il n'y a peut-être pas assez de goût ni de délicatesse dans la comparaison que Michel-Ange établit entre sa maîtresse et un bloc de marbre, et qu'une pareille idée est bien plus d'un sculpteur que d'un poète. Quant au style, il est aussi remarquable par son élégante correction que par quelques tours pleins de hardiesse, mais il y a peu de justesse et de naturel dans les pensées, et la fin roule sur d'assez froides antithèses qui plairont moins facilement aujourd'hui qu'au seizième siècle.

1. Soverchio.

Ce qu'il y a de trop; ce que le ciseau doit enlever avant d'arriver au point où vit la pensée du statuaire. *Solo* est employé adverbialement.

2. La man che obbedisce all' intelletto.

Expression vive et heureuse.

3. Pietate.

J'ai rendu ce mot par *vie*. Cette interprétation, inexacte au premier abord, cessera de paraître telle aux yeux du lecteur attentif, quand il remarquera l'antithèse que forme le mot *pietate* avec son antécédent *morte*. La fin du troisième vers, dans le second quatrain, me semble pareillement trancher la question : *Perch'io più non viva* ; Il s'agit évidemment de la mort, et l'opposé de la mort c'est la vie.

Pour faciliter l'entente de ce passage je rétablirai l'ordre naturel des mots : *Dunque nè amor, nè tua beltate, o fortuna, o durezza, o disdegno, etc., non hanno colpa del mio mal, etc.*

SONNET II.

Varchi, dans sa dissertation ci-dessus mentionnée, rapporte ce sonnet tel qu'il fut publié du vivant même de l'auteur. En n'adoptant point cette première leçon, je me suis à la fois conformé aux meilleures éditions et à l'avis des plus savants critiques; mais, pour que le lecteur puisse lui-même apprécier les nombreux changements qu'y fit par la suite Michel-Ange, je vais en transcrire ici les variantes.

>Non vider gli occhi miei cosa mortale,
>Allor che ne' bei vostri intera pace
>Trovai ; ma dentro, ov' ogni mal dispiace,
>Chi d'amor l'alma a se simil m' assale?
>
>E se creata a Dio non fusse eguale,
>Altro che 'l bel di fuor ch' agli occhi piace
>Più non vorria, ma perch' è si fallace,
>Trascende nella forma universale.
>
>Io dico ch' a chi vive, quel che muore
>Quetar non può disir, nè par s'aspetti
>L'Eterno al tempo, ove altri cangia il pelo.
>
>Voglia sfrenata è 'l senso, e non amore,
>Che l'alma uccide, e 'l nostro fa perfetti
>Gli amici qui, ma più per morte in cielo.

Avant d'aller plus loin, il faut prévenir le lecteur que l'amour qui inspira Michel-Ange, dans toutes ses poésies, ne ressemble guères à celui qui dictait les vers de Tibulle. Les poètes érotiques de l'antiquité n'ont parlé que des plaisirs matériels de l'amour : ils semblent n'avoir jamais éprouvé ce charme inexprimable qui résulte de l'union mélancolique des ames, du mélange de la religion et du sentiment, de l'élan sublime du cœur vers la beauté morale, enfin de cette croyance intime d'un bonheur durable comme l'éternité, et voilà précisément ce qu'on retrouve dans les vers de Michel-Ange, parce que cela était dans ses mœurs.

A l'époque où il écrivait, la philosophie de Platon, qui était encore à la mode, avait donné à quelques personnes une pureté réelle de sentiments; à beaucoup d'autres une délicatesse apparente qui s'est conservée même jusqu'à nos jours, en Italie, dans une classe d'amants appelés *i patiti*.

1. Dei tuoi sereni.

Sous-entendu *occhi*.

2. ....In lor ritrovar pace
L'alma sperò....

Pax Dei quæ exsuperat omnem sensum.

3. Intende.

Aspira, porge la mira, c'est-à-dire littéralement, *ne vise pas seulement à*.

4. Inver.

C'est une contraction de *inverso*.

5. La forma universale.

Ce sont les termes mêmes de l'école : *forma universalis*. D'après les dogmes de Platon, *Dieu* est le formateur éternel du monde, l'éternel géomètre. *Trascende inver la forma universale.* « S'élance à la source même de la beauté universelle. » Je n'ai pas cru m'éloigner par là du sens rigoureux que présente le texte ; parce que si Dieu est le modèle universel, en lui réside la source de la beauté comme celle de la bonté, de la justice, de la force, etc ; et le mot *beauté* m'a semblé établir plus de connexion dans les idées. Michel-Ange parle de l'effet qu'ont produit sur lui les yeux de celle qu'il aime, c'est leur beauté qui l'a frappé, mais comme il élève ses pensées plus haut que la fragile beauté terrestre, il a cru voir dans ce doux regard, une émanation de Dieu même, une émanation *de la beauté divine* vers laquelle il s'est élancé.

6. S'aspetti.

D'aspettarsi qui correspond absolument au mot latin *spectare* et qui signifie *convenir, appartenir*.

7. Ciò che fa'l tempo cangiar pelo.

Ce que le temps peut flétrir. La traduction littérale eût été bizarre en français ; en italien, c'est une expression remplie d'énergie et consacrée par l'emploi qu'en ont fait le Dante, Pétrarque et autres.

> Nè più sperar di rivedere il cielo
> Per volger d'anni, o per cangiar di pelo.
> (Gerus. lib. c. VII)

Corneille a exprimé la même pensée dans ce vers :

> On ne peut nommer beau ce qu'efface le temps.

J'aurai souvent occasion de citer ce sublime génie à propos

6.

de Michel-Ange. Tout rapprochement entre de tels hommes ne peut qu'être intéressant.

8. Che l'alma uccide.

Rétablissant l'ordre naturel de la phrase : *Il senso è una voglia sfrenata che uccide l'alma, e non è amore.*

9. Più perfetti in cielo.

Il les divinise. J'ai cru que cette dernière expression rendait, avec assez de force, ce quelque chose de plus parfait que la vertu acquiert encore dans le ciel. Les six derniers vers de ce sonnet plairont généralement : de pareilles maximes trouvent leur place partout, dans un sonnet comme dans un traité de morale.

SONNET III.

Ce sonnet est surtout remarquable par la manière toujours gracieuse, par l'élégante facilité avec laquelle y sont exprimées les idées abstraites qu'il renferme.

1. Consuona.

De *Consuonare*, être en parfaite harmonie, en concordance.

2. E quivi 'nformo i pensieri.

Voyez la note cinquième du IIe sonnet.

3. Che mi mostra la via ch'a Dio mi guide.

Guide pour *guidi* : licence poétique. C'est presque mot à mot le vers de Pétrarque :

« Che mi mostra la via ch' al ciel conduce. »
(Canzone IXe)

4. *La gioia che nel cielo eterna ride.*

Il suffit de lire ces deux derniers vers, pour en sentir la beauté. Pour peu qu'on soit familiarisé avec la langue italienne, on se convaincra aisément ici de la supériorité que donne en poésie une langue accentuée et inversive. Indépendamment de l'euphonie de tous ces mots, n'y a-t-il pas un charme particulier attaché à cette seule expression *ride* jetée à la fin du vers ?

SONNET IV.

1. *L'opra della prim'arte.*

C'est de la sculpture qu'il s'agit : Michel-Ange la regardait encore à cette époque, comme le premier des arts. Il reconnut depuis lui-même son erreur, et en consigna l'aveu dans une lettre adressée au même *Varchi* dont j'ai déjà eu occasion de parler. La question de la prééminence de la sculpture ou de la peinture date du quinzième siècle, et divisa, pendant plus de cent ans, les artistes en deux sectes. Plusieurs d'entr'eux, tels que San Gallo, Vasari, Michel-Ange, Bronzino et Benvenuto Cellini écrivirent longuement pour ou contre. Ce dernier, extrême en tout, prétendit « que la sculpture était sept fois plus distin-« guée que la peinture, par la raison qu'il y a dans une statue, « huit points différents sous lesquels elle doit se présenter « également correcte et bien saisie. » Voilà un étrange raisonnement!

Michel-Ange, qui avait un sens plus droit, ne tarda pas à réformer son premier jugement. On va voir avec quelle noble franchise il expose les motifs qui le ramenèrent à des idées plus saines.

« Comme la peinture, écrivait-il à Varchi, est, si je ne me
« trompe, d'autant plus estimée qu'elle tend au relief, et que
« le relief, au contraire, l'est d'autant moins qu'il se rap-
« proche plus de la peinture, j'avais toujours pensé jusqu'ici
« que la sculpture était le flambeau de l'autre art, et qu'il y
« avait, entr'eux, la différence du soleil à la lune. Mais
« depuis que j'ai appris, par votre ouvrage, à raisonner plus
« philosophiquement, et que j'y ai lu cet axiôme : que deux
« choses qui tendent à une même fin et qui viennent d'une
« même source, ne diffèrent point entr'elles, j'ai réformé
« ma façon de penser... Il n'y a entre la peinture et la sculp-
« ture aucune différence : c'est exactement une seule et même
« chose... Quant à l'auteur qui s'est avisé de donner a la
« peinture la prééminence, il n'y a rien entendu; ma servante
« eût mieux traité que lui la question, si elle s'en fût mêlée.
« Il y aurait mille choses à dire sur ces deux arts; mais cela
« demande trop de temps, et il ne m'en reste guères à mon
« âge. »

2. Se poi'l tempo, etc.

Ce quatrain tout entier est d'une perfection achevée; il nous peint l'impression vive et profonde que produisait la vue de la beauté dans l'ame ardente de Michel-Ange.

3. Mostroci.

Expression poétique employée pour *mostrato a noi*.

4. Tanto avrà più, etc.

Se rapporte à un terme sous-entendu de la comparaison; voici, pour la commodité du lecteur, le sens rétabli de la proposition : *La tua gran beltade avrà tanto soggiorno nel mio desir quanto ella è, più d'ogni altra, esempio di quel ben che il ciel fa adorno.*

SONNET V.

Pour déterminer l'espèce de sentiment dont il est agité, le poète aurait peut-être dû consulter davantage son cœur et moins écouter son esprit : le sonnet n'en eût été que meilleur. Toutefois ne laissons pas de remarquer qu'il est plein de chaleur, de mouvement et d'expressions heureuses.

1. **Non so se e' s' è.**

C'est comme s'il y avait : *non so se egli è (in se)*. Le pronom *se* qui précède le verbe *essere* est explétif, et donne à l'expression une force et une élégance qu'on ne saurait définir. La poésie italienne en fournit beaucoup d'exemples. Le Dante a dit :

« Ma ella s' e beata e ciò non ode. »

2. **Guidi.**

Ce verbe est employé au mode subjonctif, dit M. Biagioli, parce que la phrase entière exprime tout à la fois un sentiment de doute et de désir. Il en est de même de *mostri*.

3. **Questo m'avvien poi ch' io vi vidi.**

Avvien est ici au présent, parce qu'il exprime un effet constant; il est en rapport avec les mots précédents *sento*, *veggio*, etc.

4. **Un dolce amaro, un sì e no mi muove.**

Ce sont bien là les idées vagues, les mouvements indécis, et ces douceurs mêlées d'amertume que cause un amour naissant.

SONNET VI.

Michel-Ange établit ici la différence qui existe entre l'amour qui l'inspire, et celui qui réside tout entier dans les sens. Il veut démontrer que l'ame, par suite d'une passion véhémente, n'en est souvent que plus susceptible des impressions sublimes de la religion, qui n'est en effet elle-même qu'une pratique d'amour, de dévouement et de reconnaissance. C'est en cela qu'elle peut s'allier avec un sentiment dégagé de tous désirs grossiers, et qui semble ne différer d'elle que par l'objet du culte. Il serait facile de prouver, par de nombreux exemples, l'heureuse influence que le christianisme, depuis son établissement, a exercée sur tous les mouvements du cœur. L'amour, en se mêlant avec cette religion, a cessé d'être un sentiment vulgaire et borné : les pures jouissances, qu'il donne à une ame religieuse, semblent devoir se prolonger au-delà de cette vie passagère; tandis que « chez les hommes de l'antiquité, dit éloquem-
« ment M. de Châteaubriand, l'avenir des sentiments ne pas-
« sait pas le tombeau où il venait faire naufrage. »

1. Non è colpa, etc.

Un grande amore per immensa bellezza non è mai sempre colpa empia e mortale se, etc. *Mai* est explétif.

2. Impenna l'ale per alto volo.

Belle image ! belle expression !

3. Non ben contenta quì.

Il y a en effet, dans l'homme, un fond d'inquiétude qui le poursuit au milieu de toutes ses passions, un je ne sais quoi qui l'attriste au sein des plus vifs plaisirs, un désir vague que rien ne satisfait ici-bas. Son ame, telle que l'aiguille vacillante qui cherche le pôle, se dirige enfin, après une longue mobilité, vers la religion, comme l'aimant vers le nord.

4. L'amor che di te parla, etc.

Ce sonnet est l'exposition du système d'amour qu'avait adopté Michel-Ange, à l'imitation de Pétrarque, et même avec un peu plus d'austérité que lui. Ces six derniers vers ne peignent point les effets extérieurs de la passion, et peut-être, par cela même, plairont-ils moins généralement : peu de personnes y retrouveront leurs propres sentiments; mais qu'on ne croie pas, malgré sa sublimité, qu'un tel amour n'ait jamais pu exister; à l'époque où écrivait Michel-Ange, il y en eut plus d'un exemple. Serait-il d'ailleurs étonnant qu'une ame si supérieure à celle du vulgaire eût conçu un amour au-dessus de l'imperfection générale des hommes? Mais quelque opinion que l'on ait, de quelque manière que l'on sente; pourra-t-on se refuser à admirer les beautés morales qui naissent d'une telle passion? Voyez quelle concision, quelle rapidité dans ce parallèle des deux espèces d'amour :

« L'un tira al cielo, e l'altro a terra tira
« Nell' alma l'un, l'altro abita ne' sensi,
« E l'arco volge a segno e basso e vile. »

Quelle noble supériorité obtient le premier! quelle richesse dans les expressions et dans les images! quelle dignité dans les pensées! Malgré la beauté de ce dernier vers, et la justesse de la figure, je n'ai pas osé la faire passer littéralement dans la traduction de peur de blesser le génie timide et raisonneur de notre langue.

SONNET VII.

1. A quella eterna pace.

C'est-à-dire *Dieu*, en qui seul l'ame peut trouver ce repos qui la fuit sans cesse ici-bas.

2. Onde pende il divin che di te piace.

Pénde pour *dipende*, mais le premier est plus élégant et peut-être même plus expressif.

3. Fallace speme ha sol, etc.

Voilà des vers dignes du Dante, des vers qui ne sont pas seulement un laborieux assemblage de mots sonores, mais qui expriment avec clarté, avec éloquence, avec énergie de nobles et belles pensées. Le poëte insiste ici sur les effets moraux de l'amour chaste et vertueux; il cherche à démontrer l'avantage de celui-ci sur l'amour des sens, en durée, en réalité, en espérance. Ces deux tercets sont admirables. Ce n'est ni la grace ni la douceur de Pétrarque; c'est une beauté mâle, une touche sévère, trait caractéristique de Michel-Ange. Il faudrait détailler ces vers l'un après l'autre pour en faire sentir la beauté :

La beltà che scema a ciascun' ora.... che per cangiar di scorza, non si sfiora nè langue.

Cette dernière figure est pleine de vie et de charme.

4. Caparra il paradiso.

De *caparrare*, donner des arrhes; au figuré devenir le gage.

SONNET VIII.

Michel-Ange, passionné en général pour tout ce qui est beau, cherche à expliquer ici le charme ravissant, prompt, irrésistible que cause sur l'ame la vue d'un bel objet; et certes jamais cet effet, si doux et si fréquent parmi les hommes, ne fut exprimé avec plus de vérité et de talent.

> Passa per gli occhi al cuore.....
> Per sì piana, ed aperta, e larga via.

Que ce dernier vers est beau! ne rend-il pas, dans son harmonie, dans la progression même des images, la route facile et ouverte par où s'insinue la beauté jusques au fond de l'ame? Le langage de Michel-Ange est toujours figuré, c'est le seul que peut employer une imagination riche et vivement frappée. Pétrarque avait déja dit:

> Ed aperta la via per gli occhi al core.
> (Son. III , part. I.)

1. **Invan forza il contrasta.**

Voyez combien l'effet des mots est encore ici analogue à la pensée! Le poète veut faire sentir la résistance qu'on cherche quelquefois à opposer aux charmes de la beauté, mais cette résistance est vaine; il a employé pour cela des expressions déja un peu dures par elles-mêmes, et qui le deviennent bien plus encore par leur arrangement. On sent, en les prononçant, la gène et l'effort. Michel-Ange, dans ces occasions, n'a pas assurément, plus que Virgile, le Dante, le Tasse et Racine, cherché de semblables combinaisons, et je suis persuadé, comme le lecteur, qu'elles ne sont que le résultat naturel de l'instinct poétique; mais il n'est pas sans intérêt de faire remarquer que ce grand artiste était non moins versé, si l'on peut s'exprimer ainsi, dans l'anatomie du style, que dans celle du corps humain.

2. Desvia.

Trar di via, desviare, égarer.

3. Nè so qual vista, etc.

Il caractérise, par cette seule réflexion, la faiblesse générale des hommes.

4. Pochi s'alzano al cielo.

Cette première moitié de vers ne se lie pas assez évidemment avec ce qui suit. Le poète a laissé au lecteur le soin de suppléer les idées intermédiaires, dont les cinq vers suivants deviennent la conséquence essentielle. Michel-Ange a voulu dire, que peu de personnes, en aimant, rattachent le sentiment de l'amour à celui de la religion, et que dès lors cette passion ne peut plus être pour l'homme qu'un état de misère et de souffrance.

5. D'amor nel fuoco e bee del suo veleno.

C'est toujours l'ame de Michel-Ange : les expressions, les images, qu'il y puise, ne sauraient être communes.

6. Poichè fatale è amore al viver dato.

Remarquons que jamais on ne rencontre trois ou quatre vers de suite, qui ne renferment quelque observation morale, ou quelque pensée philosophique.

SONNET IX.

Le poète montre ici, par une foule de détails embellis des charmes de la plus élégante poésie, combien son ame s'est identifiée avec celle de son amante. Ce sont les yeux de celle-ci qui l'éclairent, c'est sa volonté qui le guide, c'est son esprit qui l'anime, il n'est plus rien par lui-même, tant l'amour s'est emparé de toutes ses facultés. Si cette passion, réelle et non pas chimérique, comme on l'a prétendu, peut fournir quelquefois au poète des idées un peu trop recherchées, quel lecteur ne leur fera pas grace en faveur de la manière toujours ingénieuse et poétique dont elles sont exprimées?

1. Porto co' vostri passi un pondo adosso.

C'est-à-dire, *il pondo amoroso*. Notre langue ne comporterait point cette hardiesse d'images.

2. Volo con le vostr' ali senza piume.

Ce langage toujours figuré est parfaitement d'accord avec les impressions que ressentait le poète au moment où il écrivait. Tout plein de son amour il dédaigne le langage de la vérité, langage trop froid pour la passion; mais ce qui est bon pour l'original, n'est pas toujours commode pour la traduction. Chaque langue a ses métaphores particulières qu'il n'est pas aisé de faire passer dans une autre, et souvent ce qui est beau en italien, étant traduit mot à mot en français, serait du dernier ridicule. J'ai tâché toutefois d'accorder la rigueur du sens avec les délicatesses de notre langue, en employant quelques figures équivalentes. Mais je ne me dissimule pas qu'ici, comme ailleurs, j'aurai souvent à lutter contre l'espèce de défaveur attachée à la prose.

3. Come luna per se, etc.

Per se me semble explétif. Cette comparaison a été bien rebattue depuis Michel-Ange, mais je la trouve, dans l'original, encore pleine de charmes.

SONNET X.

Convaincu du danger de l'amour, le poète voudrait trouver, ou même imaginer quelque être séduisant dont la beauté pût le distraire de celle qui l'occupe sans cesse, qui le poursuit en tous lieux. Mais l'imagination féconde et brillante de Michel-Ange même, ne peut rivaliser, dans ses admirables conceptions, avec les charmes vainqueurs de sa maîtresse. Quel glorieux éloge ! Jamais *amant poète* se trouva-t-il, par sa position aux yeux du lecteur, en état de donner une idée plus avantageuse de la femme qu'il aima. C'est le plus prodigieux génie inventif de la terre qui s'avoue vaincu, et si c'est ici une hyperbole, au moins est-elle belle et touchante. On pourra peut-être bien la trouver *ultra fidem*, mais non pas *ultra modum*.

1. Non so figura, etc.

Construction régulière. *Non so immaginarmi, col più alto pensier, alcuna figura, o di nud' ombra o di terrestre spoglia, tale che mia voglia s'armi di quella contro alla tua beltà.*

Le mot *nuda* est pris ici pour *semplice, pura*.

2. Sproni mia fuga.

Cette expression originale, pleine de force et de hardiesse ne m'a pas semblé susceptible d'être traduite en français autrement que par *précipiter sa fuite*.

3. Che 'l men dal più veloce non si scosta.

C'est-à-dire, *perchè il meno veloce non si può allontanare dal più veloce*.

4. Amor con le suo man gli occhi mi asciuga.

Cette image délicieuse est digne du pinceau de l'Albane et Pétrarque assurément aurait avoué de tels vers.

SONNET XI.

On a pu remarquer dès le commencement de ces notes que, malgré le sentiment de Varchi, je préférais plusieurs autres sonnets de Michel-Ange à celui que ce célèbre critique a commenté; en voici un en effet, que je ne crains point de mettre bien au-dessus du premier, tant sous le rapport du style que sous celui de la pensée et du plan. S'il n'est pas le plus beau de ce recueil, au moins ne le cède-t-il à aucun, et je n'oserais, sans beaucoup hésiter, en désigner un seul dans Pétrarque qui lui fût supérieur.

1. Suo 'ncendio è aspro, etc.

J'ai conservé en français ce même mot *aspro* qui est d'une heureuse hardiesse; et, j'ai cru même trouver une autorité dans ce vers de P. Corneille :

Aux plus âpres tourments un chrétien est en butte.

2. Chi per tempo nol fugge, indi non vale, etc.

Point de recherches dans les idées, tout y est vrai, juste, simple.

3. Fuggite, che 'l mio esempio or non fia poco,
Per quel che mi ferì possente strale.

L'hyperbate, ou déplacement de mots, est ici remarquable; la construction naturelle serait : *Per quel possente strale che mi ferì;* mais combien cette transposition donne de force! L'effet avant la cause, la blessure avant le trait. Si ce n'est pas la marche du raisonnement, c'est celle du sentiment, et c'est avec ce dernier qu'on fait de beaux vers.

4. Qual sarà l'empio e dispietato gioco.

Comme ce mot *gioco*, qui indique la légèreté de l'amour, est admirablement relevé par ces deux belles épithètes *empio* et *dispietato*, qui caractérisent soudain les amusements de ce dieu barbare.

5. Fuggite, e non tardate, al primo sguardo.

Quelle rapidité! Elle exprime pour ainsi dire la promptitude avec laquelle il faut fuir l'amour.

6. Ingordo d'una vaga beltade.

Le mot *ingordo*, qui manque un peu de noblesse, exprime bien ici le sentiment grossier d'un amour sensuel. Chaque mot est une image. C'est avec cette hardiesse, ce tact, cette énergie que Michel-Ange créait; et lors même qu'il imite, il semble encore inventer, tant il imprime à tout le cachet du génie.

7. ....Incontro al dardo
Sen va d'Amor, cieco al suo bene e sordo.

Cette fin est digne de tout ce qui précède; même harmonie, même force, même noblesse partout. Où sont ici les *concetti*, les antithèses, les jeux de mots, les hyperboles reprochés à la poésie italienne? Rien de tout cela : de la sagesse avec de la passion; de l'énergie avec de la douceur, de l'abandon sans écarts; de l'élévation sans emphase. Voici le cas ou jamais de faire une juste application de ce vers si connu de Boileau :

Un sonnet sans défaut vaut seul un long poème.

SONNET XII.

Ce sonnet manque, à mon gré, d'un peu de liaison dans les idées, et, chose étrange ! il n'y en a pas une qui annonce cette profondeur qui semble habituelle au poète, même dans les plus vifs élans de la passion. Mais le style m'en a paru si pur, si harmonieux, que je n'ai pas osé en priver le lecteur familiarisé avec la langue italienne.

1. Se nel volto per gli occhi il cuor si vede, etc.

Ce quatrain tout entier est plein de douceur et de grace.

2. Il fuoco onesto.

C'est le *ignes pudici* de Stace.

3. E quel desio ch'a ben oprar m'ha desto.

Il attribue ce feu du génie qui l'anime, à l'amour, à ce même sentiment qui inspira tour à tour le Dante, Pétrarque et le Tasse.

4. Come grazia ch'abbonda a chi ben chiede.

Ce vers semblerait devoir être d'une application générale, mais M. Biagioli lui en donne une particulière : *colui le cui domande sono a onestà intese* ; celui dont les désirs sont purs, les sentiments honnêtes. Cette explication se lie peut-être mieux avec ce qui précède, et c'est ce qui me l'a fait adopter.

SONNET XIII.

Désireux de joindre le portrait de sa maîtresse au sien, Michel-Ange emploie un détour fin et délicat pour l'obtenir. Il cherche d'abord à établir la supériorité des productions de l'homme sur l'homme même, et passe delà naturellement à l'éloge de son art. Il s'adresse ensuite à la beauté qui l'enflamme ; et, trop versé dans la connaissance du cœur humain, pour ignorer que le mobile le plus puissant de nos volontés est l'amour-propre, il tâche de flatter celui de sa maîtresse par l'espoir séduisant de voir immortaliser ses attraits, ou sur la toile ou sur le marbre, par une main aussi savante que la sienne. Mais le poète ne s'arrête point là, il renchérit encore sur cette pensée, en disant que la postérité pourra juger alors, d'après tant de charmes, s'il n'eut pas raison de l'idolâtrer. Il faut avouer que l'attaque était vive, et que beaucoup de femmes auraient cédé à moins.

L'amant qui loue est l'amant couronné ;
Avant l'amour, l'amour-propre était né.

M. Raynouard, à l'opinion duquel ses savantes excursions dans le domaine de la littérature étrangère doivent donner un grand poids, a dit, à propos de ce sonnet, qu'il n'en connaissait aucun, parmi les plus beaux de Pétrarque, qui lui fût supérieur ni par le style, ni par la pensée. S'il m'était permis d'ajouter quelque chose au jugement de cet illustre académicien, je dirais que Michel-Ange, non-seulement dans ce sonnet, mais encore dans la presque totalité de ses poésies, montre en général plus de philosophie et une plus grande profondeur de pensées que le chantre harmonieux de Laure.

1. Com'esser, donna, puote.

Puote est employé en poésie pour *può*.

2. ....Che più dura, etc.

Cette comparaison de l'homme avec ses propres œuvres, moins sujettes que lui aux ravages du temps, est aussi belle que noblement exprimée. *Fiede* pour *ferisce* est une expression très-poétique.

3. La cagione all' effetto inferma cede.

Cette épithète *inferma*, séparée de son substantif *cagione*, et placée justement devant le mot *cede* exprimant l'action, modifie le verbe comme le ferait un adverbe même. Voyez, en rétablissant seulement l'ordre naturel des mots, combien la phrase perd de sa force et de sa noblesse! *La cagione inferma cede all'effetto.* Ce sont les mêmes mots, et pourtant l'esprit et l'oreille n'y trouvent plus rien que de froid et de languissant.

4. Alma scultura.

Pour *eccellente, sublime*.

5. Rompermi fede.

Prenant les espérances de la vie pour des promesses, le poète dit *romper la fede* en sous-entendant *datami*.

6. Forse ad amendue, etc.

Ce *peut-être* doit plaire surtout dans la bouche de Michel-Ange. Pierre Corneille, dans une occasion à peu près semblable, s'exprime avec plus de fierté, et ne dissimule point la conviction qu'il avait de pouvoir immortaliser l'objet de son amour. Voici le passage : il est peu connu, et n'en deviendra que plus curieux par son rapprochement avec celui de notre poète.

> Je connais mes défauts, mais après tout je pense
> Être pour vous encore un captif d'importance;
> Car vous aimez la gloire, et vous savez qu'un roi
> Ne vous en peut jamais assurer tant que moi :
> Il est plus en ma main qu'en celle d'un monarque
> De vous faire égaler l'amante de Pétrarque ;
> Et mieux que tous les rois, je puis faire douter
> De sa Laure ou de vous qui le doit emporter.
> (Vers adressés à la marquise de B. A. T.)

7. Sicchè, etc.

Ord. nat. : *Sicchè si veggia, mill' anni dopo la partita (del mondo) quanto tu fosti bella, quant' io t' amassi, e come io non fui stolto nell' amarti.*

SONNET XIV.

Le poète développe tous les motifs qui concourent simultanément à l'union étroite et indissoluble de deux cœurs; il a pris, pour donner plus de force et d'éclat à ses preuves, le tour piquant de la *suspension*. Plusieurs traits pleins de naturel, et quelques vers heureux m'ont engagé à traduire ce sonnet, quoique l'harmonieuse rapidité, qui en fait le premier charme, dût nécessairement disparaître dans une version. Il rappelle, à quelques égards, celui de Pétrarque qui commence ainsi :

> S'una fede amorosa, un cor non finto, etc.

1. S'una fortuna.... eguale, etc.

Il paraît que Michel-Ange regardait cette clause comme a peu près indispensable à la solidité d'une liaison amoureuse; car il dit encore ailleurs :

> Amor gli amici vuole, onde son rari,
> E di fortuna e di virtute pari.

2. Duo.

Employé pour *due* est poétique.

3. ....Comune ognor la gioia e 'l male, Quando uno spirto sol due cor governa.

Ce qui serait assez bien rendu par ce vers de Corneille :

> On n'a tous deux qu'un cœur qui sent mêmes traverses.

4. In due sen vive e s'interna.

Vive se rapporte à *fuoco*, et *s'interna* à *strale*.

5. S'amar l'un l'altro, e nessun mai se stesso, Sol desiando amor d'amor mercede.

Je ne crois pas qu'on ait jamais mieux exprimé, dans aucune langue, ce doux oubli de soi-même pour la personne aimée, et ce vague désir d'amour qu'on éprouve avant que l'empire des passions ait détruit celui de la vertu.

6. A scambievole imperio sottomesso.

> Exerçant l'un sur l'autre un mutuel empire.
> (Racine fils.)

7. Or potrà sdegno tanto nodo sciorre?

C'est ici le point capital, celui où viennent aboutir tous les traits séparés et indéterminés qui ont tenu l'attention en suspens.

SONNET XV.

Michel-Ange, avec tout son génie, ne put entièrement éviter les défauts de son siècle; ce sonnet en fait foi: plein de recherche, d'exagération et de subtilités métaphysiques, il ressemble à la plupart de ceux qu'on faisait à cette époque où, selon l'expression de M. Verri, on vit « tous les hommes, « doués de quelques talents, se jeter en désespérés dans l'o- « céan platonique des sonnets et des chansons amoureuses. »

1. Se 'l fuoco, etc.

Se il fuoco, che si parte dai bei vostri occhi fosse eguale alla loro bellezza non fora (sarebbe).

2. Ma 'l ciel pietoso, etc.

Ma il ciel.... ci toglie in parte l'intero rimirare del sovrano splendore che comparte in voi, e fa ciò per temperare, etc.

3. Non è par, etc.

Par pour *pari, eguale.*
Perchè uomo s'innamora solamente di quella parte, la quale, essendo vista ed ammirata, è intesa da noi.

4. Però se, lasso ! etc.

Però se, lasso me ! non vi pare ch' io arda e mora per voi in questa mia età inferma, ciò avviene perchè io conobbi poco del vostro sovrano splendore, e perciò l' alma mia è accesa poco.

SONNET XVI.

Dans les éditions de 1623 et 1726, ainsi que dans celle de M. Biagioli, ce sonnet n'est point à sa place ; il se trouve rejeté à la fin, parmi ceux que Michel-Ange composa pendant les dernières années de sa vie, c'est-à-dire, long-temps après la mort de Vittoria Colonna à qui il est adressé. Je n'ai point cru devoir suivre cet ordre, que M. Biagioli lui-même avoue n'avoir conservé que par respect pour le neveu de Buonarroti, premier éditeur des œuvres de son oncle.

1. Per esser manco, etc.

Manco pour *meno*. *Il mio troppo umile ingegno ebbe desire in prima di precorrer lei con alcun merito.*

Michel-Ange avait fait, pour la marquise de Pescaire (Vittoria Colonna), plusieurs dessins que Vasari, dans son Histoire des peintres, cite comme des ouvrages admirables. En les envoyant à cette dame, il lui adressa le sonnet qu'on vient de lire pour s'excuser de ne pouvoir lui offrir rien d'assez digne d'elle.

2. La grazia che da voi divina piove.

Ce vers est admirablement fait.

3. Che non può, etc.

Che una virtù mortale non può con mill' opre chiare e nuove pagar un celeste dono.

Cette pensée serait fort juste, si l'on s'en tenait à la lettre, mais par son application elle devient fausse et outrée.

SONNET XVII.

Les mêmes motifs allégués dans les notes précédentes, m'ont déterminé à changer de place ce sonnet qui se trouve être le dernier dans les éditions d'Italie et dans celle de M. Biagioli, publiée à Paris. Comment supposer en effet, avec quelque apparence de raison, que Michel-Ange, octogénaire, ait pu adresser de pareils vers à Vittoria Colonna, plus de vingt ans après sa mort? Ce morceau est d'ailleurs remarquable par une fraîcheur d'idées, et une délicatesse dans le style et dans les images qui rappellent les premiers sonnets de notre poète.

1. Ma quel che più superbo, etc.

C'est comme s'il y avait : *Ma quel fior che la ghirlanda manda più superbo inanzi,* etc.

2. E 'l bell' oro, etc.

Il bell' oro non men licto non resta di toccar il collo e le guance d'ogni banda (parte).

3. Che con sì dolci e sì soavi tempre.

Ce tercet tout entier est d'une délicatesse de langage admirable.

4. *Il fianco, dice : qui, etc.*

Il y a peut-être un peu trop de recherche dans tout cela, mais ce défaut est bien racheté par le charme des détails et l'élégance du style.

SONNET XVIII.

Vittoria Colonna, fille de Fabrice Colonna, grand connétable du royaume de Naples, naquit en 1490. Elle fut destinée, presque dès sa naissance, à Ferdinand d'Avalos, marquis de Pescaire, qui devint par la suite l'un des plus habiles capitaines de son temps*. Par un hazard aussi rare qu'heureux, cette union, que des raisons de convenance seules avaient préparée, s'accomplit sous les auspices de l'amour, et les deux jeunes époux trouvèrent dans une douce conformité de goûts, d'esprit et de caractère, le gage de leur bonheur ; mais il fut de courte durée. La mort vint surprendre le marquis de Pescaire au milieu de la gloire et de la jeunesse ; il succomba à Milan par suite de ses blessures et des fatigues de la guerre. Sa veuve, encore dans tout l'éclat de la beauté, refusa depuis de contracter d'autres nœuds, et chercha, dans l'étude et dans la religion, un soulagement à ses maux. Au sein de la retraite, sa douleur fut inspiratrice : elle lui dut sans doute d'être la première, en Italie, à faire entendre, dans le style sacré, des accents dignes de Pétrarque. (Voir à la fin du volume).

---

* A la tête des troupes de l'Empereur, il gagna la bataille de Pavie si fameuse par la prise de François 1.

L'Arioste, faisant allusion aux écrits de cette femme célèbre, pour la plupart consacrés à la mémoire de son mari, dit, dans son immortel poème de l'*Orlando Furioso* :

> Ecco chi tolto ha dalla scura spiaggia
> Di Stige, e fa, con non più visto esempio
> Malgrado delle Parche e della morte,
> Splender nel ciel l'invitto suo consorte.

Ce grand poète, dans des vers latins qu'on ne sera pas fâché de retrouver ici, l'élève encore au-dessus de Portia, par son amour conjugal.

> Non vivam sine te, mi Brute, exterrita dixit
> Portia, et ardentes sorbuit ore faces ;
> Avale, te exstincto, dixit Victoria, vivam
> Perpetuo mæstas sic dolitura dies.
> Utraque romana est, sed in hoc Victoria major :
> Nulla dolere potest mortua, viva dolet.

Sensible au mérite, parce qu'elle en avait beaucoup elle-même, la marquise de Pescaire rechercha l'amitié de Michel-Ange dont la gloire rejaillissait déja sur l'Italie entière, et conserva pour lui, pendant toute sa vie, le plus sincère attachement. De son côté, ce grand artiste avait dû concevoir pour Vittoria un sentiment plus vif que l'amitié, si l'on en juge par les poésies qu'il nous a laissées. Je sais que quelques personnes ne veulent y voir que l'expression continue de son amour pour le beau idéal représenté sous l'image d'une femme, mais comment accorder cette hypothèse avec dix sonnets et autant de Madrigaux uniquement consacrés à déplorer la perte d'une femme adorée qui n'aurait été qu'un être chimérique ? Et que penser alors de cette excessive douleur que Michel-Ange, au rapport de son historien, ressentit à la mort de la marquise de Pescaire ? « Elle était si violente, dit Condivi, qu'elle le rendait parfois comme privé de ses sens. » C'est probablement à quoi fait allusion ce passage du sonnet 19e :

>Onde gelido giaccio
>Com' uom a chi di vita riman poco.

Des signes de désespoir aussi véhéments peuvent bien être pris, sans témérité, pour des symptômes d'une passion violente; et cependant, il faut l'avouer, ce sonnet, destiné à retracer les regrets d'un cœur si vivement touché, ne peint ni le désordre de l'ame, au moment d'un tel coup, ni cette affliction calme, ni cet attendrissement profond que cause un souvenir douloureux. Aussi le lit-on sans émotion.

>....Si vis me flere, dolendum est
>Primùm ipsi tibi,

a dit le législateur du Parnasse; et cette vérité est de tout temps et de tout lieu.

1. Natura, che non fè, etc.

Fè est employé pour *fece*.

2. Restò in vergogna.

Voilà sans doute un grand éloge, mais il paraîtra nécessairement outré. Personnifier la nature pour la rendre honteuse d'avoir perdu son plus bel ouvrage dans une femme, c'est abuser du langage figuré.

3. E 'l ciel tuoi pensier sauti.

L'effet pour la cause; les pensées pour l'esprit.

4. Morte acerba.

C'est-à-dire *qui n'est pas mûre*, mort prématurée.

5. Ch' obblio di Lete estinguer non potea.

Tout ce tercet est d'une beauté de diction parfaite.

6. Che spogliato da lei.

Sous-entendu *il mondo*; c'est-à-dire : « *perchè il mondo essendo spogliato da lei.* »

7. ....Nè per te 'l cielo avea
Lassù, se non per morte, albergo e parte.

C'est par de telles pensées que Michel-Ange cherchait à adoucir sa peine et à calmer ses regrets : il se flattait que le ciel n'avait ravi sa maîtresse à la terre, que pour la posséder.

SONNET XIX.

1. Arder solea dentro, etc.

Ce sonnet commence par plusieurs antithèses puériles que je n'ai pas cru devoir faire passer littéralement dans la traduction, attendu qu'il m'a semblé possible de conserver assez rigoureusement le sens et le tour de la phrase pour qu'on ne m'accusât pas d'avoir altéré mon auteur. On sent, dans les deux premiers vers, le tourment que s'est donné le poète pour exprimer, avec aussi peu de naturel que d'élégance, une pensée fausse et obscure ; mais disons, pour le justifier en quelque sorte, que nul auteur de son siècle n'a su, en parlant d'amour, s'abstenir de ces plats jeux de mots *du chaud et du froid, de la glace et de la flamme, de la paix et de la guerre* qui fourmillent même dans le divin Pétrarque, qui ont été à la mode pendant plus de deux cents ans, et dont nous retrouvons encore quelques exemples chez les auteurs de notre grande ère poétique.

Corneille n'a-t-il pas dit dans Polyeucte?

> Cette indiscrète ardeur tourne bientôt en glace.

Et dans la plus belle ode de Jean-Baptiste Rousseau :

> Et je verrais enfin de mes froides alarmes,
> Fondre tous les glaçons.

2. Quel primo amor, che mi diè posa e loco....

C'est-à-dire *sollievo e riposo*.

3. Gelido giaccio.

Cette image est belle et rend pour ainsi dire sensible la comparaison que fait le poète entre son état et celui d'un homme qu'un reste de vie abandonne.

4. Ahi cruda morte!

Ces deux tercets sont pleins d'une douce mélancolie ; ils peignent le regret qu'éprouve Michel-Ange d'avoir survécu à celle qu'il adorait, et toutes les idées en sont naturelles et poétiquement exprimées. On aurait voulu le même abandon, le même attendrissement dans tout ce que lui a inspiré la mort de cette femme si vertueuse et si belle, mais peut-être craignait-il de montrer, dans l'éclat d'une trop vive douleur, des sentiments peu conformes à l'idée de cette félicité sans fin dont sa maîtresse devait jouir dans le ciel.

5. Come dolce fora.

Fora pour *sarebbe*.

6. E, scarco del pensier che m'addolora,
   L'aer non empierei di sospir tanti.

Vers pleins d'harmonie et de douceur.

SONNET XX.

Il est facile de reconnaître, dans ce sonnet, l'intention de Michel-Ange : il a voulu se mesurer avec Pétrarque même. Tous deux, à la vue des lieux qu'ils ont parcourus avec leurs maîtresses, sont assaillis par des souvenirs doux ou cruels, selon les premières impressions qu'ils y ont reçues. Les détails, qu'ils retracent, sont, dans l'un comme dans l'autre, pleins de charme et de sentiment; et si l'esprit s'y mêle quelquefois, au moins n'y gâte-t-il rien. Nous pensons que ce ne sera point sans intérêt qu'on verra ici, en présence, deux des plus beaux génies dont s'honore l'Italie moderne; l'un créateur pour ainsi dire d'un genre de poésies qui, avant lui, était à peine dans l'enfance, l'autre brillant imitateur, nourri des œuvres des trois grands maîtres parmi lesquels il sembla un moment chercher un rival. Le sonnet de Michel-Ange m'a paru digne, à tous égards, d'entrer en parallèle avec celui de Pétrarque, mais je m'abstiendrai, pour cette fois, de communiquer mes propres idées au lecteur, dans la crainte d'être accusé ou d'un respect superstitieux pour le chef de l'école, ou d'une prédilection trop aveugle pour son imitateur. Voici le sonnet de Pétrarque avec sa traduction.

Sennuccio, i' vo' che sappi, in qual maniera
Trattato sono, e qual vita è la mia.
Ardomi, e struggo ancor, com' io solia :
Laura mi volve, e son pur quel ch' i' m' era.

NOTES.

Quì tutta umile, e quì la vidi altera;
Or aspra, or piana, or dispietata, or pia,
Or vestirsi onestate, or leggiadria;
Or mansueta, or disdegnosa, or fera.

Quì cantò dolcemente, e quì s'assise :
Quì si rivolse, e quì rattenne il passo:
Quì co' begli occhi mi trafisse il core;

Quì disse una parola, e quì sorrise;
Quì cangiò 'l viso. In questi pensier, lasso !
Notte e dì tienmi il signor nostro amore.

» Je veux, Sennuccio, que tu saches comment on me traite et
« quelle vie est la mienne. Je brûle, je me consume encore comme au-
« trefois, et, subjugué par ma chère Laure, je suis toujours ce que
« j'étais.

« Ici je l'ai vue simple et modeste, là fière et orgueilleuse, tour-à-tour
« douce et cruelle, sensible et impitoyable, se parer de pudeur ou de
« graces, et se montrer tantôt affable, tantôt dédaigneuse et sévère.

« C'est là qu'elle a chanté avec tant de douceur, ici qu'elle s'est as-
« sise : dans cet endroit elle se retourna, dans cet autre elle retint ses
« pas ; là un trait de ses yeux vint me percer le cœur;

« Là elle me dit une parole; ici sa bouche sourit, ici son visage
« changea de couleur; hélas ! telles sont les pensées dont l'amour, notre
« maître, m'occupe la nuit et le jour. »

1. Sua mercè.

Cette expression a la signification de *grazie a lei*.

Madonna, sua mercè, pur una sera
Gioiosa e bella assai m'apparve in sonno.
(SANNAZZARO)

2. E con doglia infinita
Da questo sasso vidi far partita
Colei.......

Vidi partir colei.

La marquise de Pescaire quittait souvent Viterbe, sa résidence habituelle, pour venir passer plusieurs jours auprès de Michel-Ange à Rome. On peut donc croire que le poète a voulu désigner, dans ces vers, un certain endroit de la route de Viterbe, jusqu'où il l'avait accompagnée pour la dernière fois, et l'on peut croire qu'il a pareillement eu l'intention d'exprimer, par les mots *doglia infinita*, le cruel pressentiment qu'il éprouva peut-être alors, de la mort prochaine de cette femme adorée.

3. Non mi volse.

Volse pour *volle*. Le poète exprime par là le désir qu'il aurait eu de suivre, dans une autre vie, l'objet de son amour dans celle-ci.

4. Nè per le pene, etc.

Non meno per le pene che per i contenti onoro, etc.

SONNET XXI.

Michel-Ange professa, toute sa vie, pour le Dante une admiration sans bornes. Dès sa jeunesse il avait pris un tel goût à la lecture de ce poète, qu'il en savait par cœur toute la *Divina Commedia*. « Ha specialmente ammirato Dante, dit

« Condivi, dilettato del mirabile ingegno di quell' uomo, qual
« egli ha tutto a mente. » (Vita di M. A.)

On doit moins s'étonner, après cela, de la force, de la noblesse, de l'élévation de son style; car un homme comme Michel-Ange ne pouvait lire sans fruit un poëte tel que le Dante. Quand Florence, regrettant ses injustices passées, envoya une députation à Ravenne pour réclamer les cendres du plus illustre de ses enfants, on vit Michel-Ange offrir gratuitement d'élever, à son maître et à son compatriote, un monument digne de lui; mais le non-succès de cette ambassade, juste punition d'un repentir trop tardif, nous a privés d'un chef-d'œuvre qui eût réuni à jamais, dans une admiration commune, le plus étonnant écrivain au plus grand artiste de l'Italie.

Dante Alighieri naquit à Florence en 1265, d'une famille noble et ancienne. Ayant perdu son père dès l'enfance, son éducation devint l'objet des soins de sa mère, qui ne négligea rien pour la rendre aussi solide que brillante. Il étudia successivement la grammaire, la philosophie, la théologie et les belles-lettres, et voulut s'instruire même dans les beaux-arts, pensant que la musique surtout était utile aux poètes; aussi a-t-il consacré un des passages les plus intéressants de son poëme au musicien *Casella*, son maître*. Ses premiers essais furent inspirés par l'amour. Béatrix, qu'il a immortalisée dans ses vers, fut le digne objet de cette passion naissante; elle mourut à vingt-cinq ans, laissant à son jeune amant des regrets qui durèrent autant que sa vie.

Le Dante, non moins doué de courage que d'imagination, avait pris les armes dans le parti des Guelfes contre les Gibelins, et se distingua en plus d'une rencontre par son

---

(*) Purgat. c. ii, v. 88.

intrépidité. Quelques auteurs prétendent qu'il fut ensuite honoré de plusieurs ambassades auprès de diverses républiques italiennes ; ces circonstances ne pouvant rien ajouter à sa gloire, peu importe d'en constater l'authenticité. Ce qui est certain, c'est qu'il fut élu, à l'âge de trente-cinq ans, l'un des magistrats suprêmes de Florence ; et c'est à cette grandeur même qu'il faut attribuer toutes ses infortunes. Au milieu des factions qui divisaient l'état, et des troubles fomentés en secret par la politique de Boniface VIII et celle de Charles de Valois, le Dante, profitant de l'ascendant que lui donnaient son caractère et ses connaissances sur la majeure partie du conseil, provoqua l'exil prononcé à cette époque contre les chefs des *blancs* et des *noirs**, et sut, par sa fermeté, son courage et sa prudence, rendre un moment de repos à sa malheureuse patrie. Il fut envoyé peu après à Rome, où l'on espérait que son esprit de prudence et de conciliation parviendrait à ramener le pape à des sentiments de modération plus conformes au caractère sacré dont il était revêtu.

Ce fut pendant cette importante mission que Charles, frère de Philippe-le-Bel, entra dans Florence et s'y établit en maître, malgré la foi des traités. Accusé par les *noirs* d'avoir favorisé le parti contraire, le Dante était déja perdu dans l'esprit de ce prince ; mais ses ennemis surent encore exciter contre lui ce peuple même, dont il avait voulu si sincèrement le bonheur et la prospérité. Sa maison fut pillée, son patrimoine saisi, sa mémoire même flétrie par une sentence de mort, si toutefois rien de ce qui appartient au grand homme peut être flétri par l'envie et l'injustice. Après

---

(*) **Noms de deux partis qui se livrèrent aux plus grands excès.**

un tel arrêt Dante partit de Rome ; irrité contre Boniface qu'il soupçonnait d'avoir ourdi cette trame à Florence.

Il fut, durant son exil, accueilli avec empressement à la cour de plusieurs princes, mais la liberté de ses discours et l'indomptable fierté de son caractère ne lui permirent jamais d'y faire un long séjour. Errant et malheureux il alla successivement à Padoue, à Gubbio, à Verone, à Udine, à Paris, à Ravenne, soupirant toujours après Florence qu'il ne revit jamais. Envoyé par son ami *Guido-Novello* (*) en ambassade à Venise pour y traiter de la paix, il eut un si violent chagrin de n'avoir pu réussir, qu'il en tomba malade et mourut à Ravenne, dans la cinquante-sixième année de son âge. Ses funérailles furent faites avec pompe, et l'on avait revêtu son corps, dit Villani, de l'habit de poète (**).

Cet exil injuste et cruel a répandu le plus vif intérêt sur l'histoire de ce grand homme ; ses malheurs semblent avoir ajouté à sa gloire ; ainsi, deux siècles après, les longues infortunes du Tasse devaient donner encore plus d'éclat à son nom, plus de charme à ses œuvres. « Tant il est vrai, » comme le dit M. de Châteaubriand, « que la proscription « et l'exil qui peuvent faire oublier des noms vulgaires, « attirent les yeux sur les noms illustres : la vertu heureuse « nous éblouit ; elle charme nos regards lorsqu'elle est « persécutée. »

(*) Seigneur de Ravenne, protecteur des lettres et les cultivant lui-même.

(**) « Fù seppellito a grande onore in abito di poeta. » (VILLANI.)

NOTES.

1. Ciechi abissi, e poi
Che l'uno e l'altro inferno vide....

Ciechi, ténébreux, privés de lumière.

L'umo e l'altro inferno, L'enfer et le purgatoire, par allusion au poëme du Dante.

2. ....E a Dio,
Scorto dal gran pensiero vivo salío,
E ne diè in terra vero lume a noi.

On croit entendre Dante lui-même dans cette strophe. C'est son énergie, sa fierté ; c'est la majestueuse harmonie de son style. Quelle plus digne manière d'honorer le génie que de l'imiter !

Salío pour *salì.*

3. Gli occulti eterni a noi ciechi scoprío.

C'est-à-dire *misteri eterni.*

Scoprío pour *scoprì.*

4. E n'ebbe il premio al fin che 'l mondo rio, etc.

Cette réflexion est cruelle, mais n'est-elle pas motivée par les nombreux exemples que nous fournit l'histoire des injustices humaines ?

5. E 'l bel desio.

L'amour de la patrie, qui fut, chez le Dante, le premier mobile de toutes ses actions, la source de toutes ses infortunes.

6. Da quel popoló ingrato, etc.

Ces mots rappellent ce beau passage du Dante, où il fait

dire à Brunetto Latini, son maître, en parlant de Florence:
« Un peuple ingrat et méchant paiera tes bienfaits de sa
« haine, et cela est juste, car des fruits doux ne peuvent
« prospérer parmi des arbustes sauvages (*). »

7. Pur fuss' io tal, etc.

Un semblable souhait ne pouvait sortir que d'une ame
passionnée pour la vertu et pour la gloire; et celle de Michel-Ange fut idolâtre de l'une comme de l'autre. Combien
de tels sentiments l'agrandissent encore à nos yeux.

> Per l'aspro esilio suo con la virtute,
> Darei del mondo il più felice stato.

Dignes accents d'un grand homme! Que n'avez-vous pu
être entendus par celui même qui sut vous inspirer! Il y
aurait trouvé sans doute un adoucissement à ses maux, et le
plus bel éloge aussi qu'il fût en droit d'exiger.

SONNET XXII.

Sous le rapport des idées, c'est, à peu de choses près, une
répétition du sonnet précédent; mais l'enthousiasme y est
peut-être encore porté à un plus haut degré. Le premier
vers est l'expression énergique de ce sentiment passionné que
Michel-Ange avait conçu pour le Dante.

> Quanto dirne si dee non si può dire.

Tout doit paraître faible après un pareil début. Voyons
pourtant si le poète ne trouvera point encore dans son ame
quelque expression, quelque image, dignes de ce génie surhumain qui l'inspire.

> Questi discese ai regni del fallire
> Per noi insegnare, e poscia a Dio n'ascese.

(*) Dante, Enf., c. xv, v. 55.

Quelle scène immense étalent à nos yeux ces deux vers! C'est en peu de mots le résumé de tout un poëme; on dirait qu'il s'agit ici de quelqu'un de ces êtres intermédiaires qui tiennent à la fois de l'homme et de la divinité; et c'est du Dante qu'on parle! Son imagination, à l'étroit dans la sphère terrestre, voulut parcourir des régions inconnues aux mortels, et s'abîma dans la profondeur des enfers. *Per noi insegnare.* Quelle majestueuse simplicité! Michel-Ange, dans cette strophe, s'élève à la hauteur de son maître; et je ne crains point de dire que le Dante lui-même n'a jamais eu de pensée plus sublime et plus touchante à la fois, que celle exprimée avec tant d'harmonie dans les deux vers suivants :

> E l'alte porte il ciel non gli contese,
> Cui la patria le sue negò d'aprire.

Rapprochement heureux! souvenir touchant! La vie entière d'un grand homme vient se retracer soudain à la mémoire; son long exil, ses malheurs, son amour, ses talents, ses prières rejetées par l'ingrate Florence, sa gloire et son poëme, tout est là.

Qu'il fut bien inspiré ce disciple dont la main reconnaissante joignit une quatrième couronne aux trois autres qui étaient déja les attributs de Michel-Ange! « *Vi ho aggiunto la quarta corona perchè ancor di questa fù esso degnissimo come eccellente poeta (Condivi).* » « J'y en ai ajouté une « quatrième, dit-il, parce qu'il en fut également digne « comme poète. » Et oui, il en fut digne, s'il faut en croire ces vers d'Horace :

> *Ingenium cui sit, cui mens divinior atque os*
> *Magna sonaturum, des nominis hujus honorem.*

Il ne s'agit point ici d'avoir fait un long poëme, mais seulement d'un esprit divin, d'une élocution harmonieuse; et à de pareils signes, qui refusera de voir un poëte dans Michel-Ange?

N'est-ce pas une chose frappante que l'analogie qui existe entre la manière d'écrire de cet homme et sa manière de peindre? Ne sent-on pas la même hardiesse, la même grandeur, la même force? Aussi le savant Berni disait de lui que c'était, « non-seulement un nouvel Apelle, mais encore un « nouvel Apollon, par ses vers pleins d'énergie, d'élégance « et de science *dantesque* (*). »

Ce dernier trait caractérise en effet sa manière. Le génie du Dante avait trop de rapport avec le sien pour que Michel-Ange ne cherchât pas à l'imiter; et si l'on veut y faire attention, on retrouvera, dans le peintre du Jugement dernier, l'imagination du peintre de l'Enfer et du Purgatoire. Le lecteur, qui voudrait suivre ces deux génies dans tous leurs rapprochements, n'a qu'à lire le parallèle qu'une main plus habile a su en tracer au commencement du volume dans la Vie de Michel-Ange.

1. Che troppo, etc.

Il suo splendore s'accese troppo, risguardo agli orbi.

2. ....E della sua fortuna
A suo danno nutrice!

Le mot *fortuna* est pris ici dans un sens opposé à l'acception commune : il signifie *malheur*.

---

* « Non solamente nuovo Apelle, ma ancora nuovo Apollo, per le « sue poesie piene di solida eleganza e dantesca sapienza. »

3. E fra mille ragion vaglia, etc.

Quelque hyperbolique que soit le tour de cette pensée, n'y voyons que l'expression d'un enthousiasme touchant malgré son exagération même. Ne faudrait-il pas être plus humoriste que sévère, pour vouloir soumettre aux froids calculs du rhéteur l'admiration du génie pour le génie!

SONNET XXIII.

A partir de ce sonnet, les pensées du poète prennent une teinte plus forte, l'image de la mort l'occupe incessamment. Il cherche, quoique sensible encore, à repousser des sentiments qu'il croit ne plus convenir à son âge, et se plaint souvent à l'Amour, du cruel empire qu'il veut conserver sur lui. On retrouvera dans les sonnets suivants, comme dans ceux qui précèdent, cette touche ferme et hardie qui caractérisa Michel-Ange jusqu'à la fin de sa vie. L'âge ne put refroidir cette imagination ardente, et dans un corps défaillant son ame demeura toujours saine et vigoureuse.

1. Non che vinto, etc.

Tour poétique : c'est comme s'il y avait: *Io fui già son molti anni non solo vinto e stanco, ma ferito e morto dalla tua forza.*

2. Quante fiate hai strette, etc.

Tout ce quatrain est plein de naturel et de sentiment. C'est bien là ce que doit éprouver un cœur qui a été livré aux tourments de l'amour. *Sprone al fianco* est une expression vive et énergique qu'on ne saurait rendre littéralement en français.

3. *Di te mi dolgo, Amor, teco, Amor, parlo.*

Ce vers est d'une douceur, d'une naïveté charmante.

4. *Tirar a voto.*

Pétrarque a dit aussi : *Indarno tendi l'arco, a votò scocchi.*

5. *In legno incenerito o sega o tarlo*
   Che vale?

Cette image m'a paru d'une simplicité noble, en me rappelant cette comparaison tirée de l'Écriture : « Moi qui ne « suis que comme un bois pourri qui se consume, et comme « un vêtement qui est rongé des vers. »

SONNET XXIV.

1. *Tornami al tempo*, etc.

Ce premier vers rappelle un des chefs-d'œuvre de Pétrarque :

Amor, se vuoi ch' io torni al giogo antico.

Cette *canzone*, l'une des plus ingénieuses et des plus connues de ce poète, semble avoir fourni à Michel-Ange l'idée de son sonnet. Son langage s'est plié à toute la douceur, à toute la suavité de celui de Pétrarque. C'est le même sentiment, le même but, le même charme dans les deux morceaux.

On peut s'étonner avec raison de retrouver tant de délicatesse et de grace dans un homme à qui la fougue de son imagination, la hauteur de ses pensées, et l'austérité même de ses mœurs, semblaient ne devoir jamais permettre d'éprouver aucun sentiment doux, aucune passion tendre. Cette étonnante facilité de varier les tons, de multiplier les nuances, de puiser à toutes les sources de l'art, ne se montra peut-être jamais chez personne à un si haut degré que chez Michel-Ange. Tour-à-tour sombre, profond, léger, gracieux ou plaisant, nous voyons le même homme passer de la majesté presque divine de son Moïse, aux formes aériennes de son Aurore; de la vaste conception de saint Pierre, à la simple invention d'un ingénieux échafaud ; de la terrible scène du Jugement dernier, aux traits bouffons de polichinelle.

2. Allor che lenta e sciolta
Al cieco ardor m'era la briglia e'l freno.

Comme tous les mots de cette périphrase concourent par leur harmonie et leur richesse à l'effet général! *Lenta* est pour *allentata*. Le poète n'a fait accorder cet adjectif et le suivant *sciolta* qu'avec le substantif *briglia*, parce que c'est sur celui-là que porte entièrement la pensée, et que le mot *freno* est simplement accessoire, et comme soumis par le fait au mouvement, à l'impulsion du premier.

3. E i passi sparsi....
Che son sì lenti a chi è d'anni pieno.

Cette circonlocution ne saurait se rendre littéralement en français.

4. Rendimi, etc.

La répétition donne du mouvement à ce morceau d'ailleurs plein de naturel et de sensibilité.

5. Dei dolci amari pianti.

Toutes les douceurs et les amertumes de l'amour sont dans ce peu de mots. La faculté qu'a la langue italienne de pouvoir placer ainsi devant le substantif plusieurs adjectifs sans copulative, prête une singulière énergie à l'expression. On dirait que *dolci* et *amari* forment, ici à eux deux, une seule épithète exprimant tout à la fois ce qu'il y a de doux et d'amer dans les larmes que fait couler l'amour. C'est avec le même bonheur d'expressions que *Politien* a dit :

Le dolci acerbe cure che dà amore.

6. E l'alma, etc.

Dans cette fin, le poète reprend toute sa vigueur, toute son élévation. Les sentiments qu'il exprime sont d'un philosophe chrétien, et son style est à la hauteur de ses pensées. Ce sonnet, exempt de tous les vains jeux de mots qui refroidissent en général les plus beaux morceaux de la poésie italienne, est sans contredit un des meilleurs de Michel-Ange. Il est empreint d'une douce mélancolie qui était naturelle à l'ame du poète, et l'on y sent aisément tous les regrets que donne le souvenir du jeune âge, tempérés par les consolantes pensées de la religion.

SONNET XXV.

Michel-Ange, comme il le dit lui-même, *va s'élever désormais, sur les ailes de la pensée*, vers un objet plus digne de son amour : vers Dieu. Ici s'ouvre, devant le poète, une nouvelle carrière, dans laquelle nous le verrons souvent prendre un sublime essor, et se soutenir à la hauteur du sujet qu'il traite. Mélange d'amour et de piété, de faiblesse et d'austérité dans les sentiments, ses derniers sonnets portent véritablement le cachet de l'époque : mais ils ont le mérite, peu commun à ce genre de poésies, de n'être pas seulement un stérile assemblage de mots plus ou moins harmonieusement cadencés; ils offrent à la fois ces beautés qui séduisent l'oreille, et celles qui charment l'esprit.

1. Io di te falso amor....
Nutrita ho l'alma.... il corpo ancor.

Figure hardie.

2. Lasso.

Cette expression qui signifie le plus souvent *malheureux*, et qui tient la place d'une interjection, ne pourrait être prise ici, sans erreur, dans un pareil sens. *Lasso* veut dire *lassato dal giogo amoroso* qui est sous-entendu, « las de ton joug.

3. De' mie' falli.

C'est-à-dire *falli d'amore*.

4. Onde ben mille carte
Son piene omai.

Michel-Ange nous apprend ici, qu'il fit beaucoup plus de vers qu'il ne nous en est parvenu, malgré les soins que mit son neveu à recueillir et à publier ses œuvres poétiques en 1623.

Il est en effet très-probable que la majeure partie des sonnets, des madrigaux et autres poésies qu'il composait sans prétention, et qu'il envoyait de même à ses amis, a été perdue, soit par l'incurie de ceux-ci, soit par le peu d'importance qu'il y attachait lui-même.

5. Altro amor.

L'amour de Dieu. *Vago d'altre bellezze non caduche, mi promette eterna vita.*

6. Questo mi punga, etc.

Ce tercet est plein de chaleur et de mouvement.

7. Anzi che'l cener mio copra d'un marmo.

Pour l'exactitude grammaticale il faudrait : *Si copra*.

SONNET XXVI.

Cet art d'être grand avec simplicité, de faire aimer la vertu en parlant de faiblesse; cet esprit d'onction et de pénitence, ces belles et sérieuses pensées de la mort et de l'éternité, appartiennent en propre à la religion, et l'on n'en peut guère imiter le caractère, sans se nourrir de ses divines paroles.

Michel-Ange, qui trouva pendant sa vieillesse une nourriture fortifiante pour son ame dans la lecture des livres saints, y avait déjà cherché dès sa jeunesse des ornements pour son esprit. Il fit, au rapport de Condivi, une étude profonde de l'Ancien ainsi que du Nouveau Testament, et l'on a suffisamment vu par la suite quelles idées grandes et sublimes ce génie avait su y puiser (*). On aura lieu de remarquer également dans ses poésies l'usage heureux qu'il a fait de ses souvenirs, et combien les impressions que lui

---

(*) « Michel-Agnolo aveva fatto un profondo studio nella divina scrit- « tura sì del testamento vecchio che del nuovo. » (Condivi.)

avait laissées cette lecture contribuèrent à donner à son style et à ses pensées de la majesté, de la force et de l'élévation.

1. Carico d'anni, e di peccati pieno.

« Chargé d'ans et plein de péchés. » Racine a employé la première de ces deux images dans ce beau vers d'Athalie.

David vainqueur, d'ans et d'honneurs chargé.

2. E nel mal uso radicato e forte.

A-t-on jamais exprimé, avec plus de force, l'endurcissement du pécheur? Ce mot *radicato* qui veut dire avoir pris racine, et qui est encore modifié par l'épithète *forte*, montre, pour ainsi dire, à découvert la profondeur du mal.

3. All' una e all' altra morte.

« L'une et l'autre mort. » Le poète entend par ces mots l'anéantissement du corps et la perdition de l'ame. On n'a pas cru devoir paraphraser le texte dont la concision est pleine d'énergie.

4. Nè proprie, etc.

Senza le tue divine e chiare scorte, non ho, nel mio fallace corso, forze proprie che al bisogno siano e guida e freno per cangiar vita, amor, costume e sorte.

5. Prima che del mortal.

Le mot *velo* est sous-entendu.

SONNET XXVII.

Le poète, toujours préoccupé de son salut, et troublé par la voix trompeuse des sens, a recours à l'assistance de Dieu. Trop vain jadis de sa vertu et de sa force, on le vit railler sans pitié ceux que signalaient leurs faiblesses; et c'est sans doute pour l'en punir que le Ciel, en lui retirant son appui, permit qu'il s'égarât à son tour. Plein d'un sincère repentir, il reconnaît maintenant ses fautes et en implore le pardon.

1. Forse perchè d'altrui pietà mi vegna, etc.

Ce retour que le poète fait sur lui-même est plein de candeur; l'humilité a remplacé l'orgueil dans son ame, et les sentiments qu'il exprime ne sont que ceux de la charité chrétienne.

Vegna pour *venga*.

2. Sotto qual debba ricovrare insegna.

Il y a ici une transposition remarquable; le pronom *qual* est séparé de son substantif *insegna* par deux verbes. Il y a peu d'exemples d'une pareille licence, mais on ne peut nier qu'elle ne soit d'un bel effet; et tout ce qui est heureux est permis.

3. Temo al tumulto dell'avverse strida
   Perire.

Cet enjambement semble doubler la force de l'expression.

Par *avverse strida*, le poète entend les cris ennemis de son salut, les cris des sens révoltés.

Ove 'l tuo amore: nel caso ove, etc.

4. La tua carne, il tuo sangue.

Allusion au sacrifice divin de Jésus-Christ, qui est venu laver les hommes de leur souillure originelle.

5. Sì presso a morte, e sì lontan da Dio.

Cette antithèse est belle. Elle frappe surtout par l'idée du danger imminent dans lequel elle représente tout-à-coup le pécheur si proche de ce fatal instant où il faudra qu'il paraisse devant le tribunal divin « environné de l'éternité, « comme dit le P. La Rue, et n'ayant que son péché entre « son Dieu et lui. »

SONNET XXVIII.

Michel-Ange n'a déployé nulle part plus de grandeur dans les pensées, plus d'éclat dans les images, plus d'harmonie dans le style, que dans ce sonnet admirable. On y pourra remarquer une certaine abondance de sentiments, une continuité de naturel que ne viennent jamais interrompre ces subtilités et ces recherches d'esprit qui refroidissent plusieurs de ses sonnets amoureux.

Libre enfin du joug importun des passions, c'est dans le sein de Dieu que se réfugie le poète : « *Qual fragil legno..... dall'orribil procella in dolce calma :* » Comparant la vie de l'homme à un frêle esquif battu par la mer orageuse. Il serait inutile de faire remarquer la beauté de ce début si brillant et si poétique : chacun pourra l'apprécier en le relisant.

1. E l'altra palma.

Palma pour *mano*.

2. Col tuo benigno umil lacero volto.

Ceux qui sont familiarisés avec la poésie italienne, sentiront, bien mieux que je ne saurais le dire, tout ce qu'il y a d'élégant et d'expressif dans ce style.

3. Prometton grazia di pentirsi molto,
E speme di salute alla trist' alma.

Ce sont les idées et presque les expressions de l'hymne latine :

« Sperate, mortales, salutem plena necis monumenta præstant. »

4. Non miri con giustizia il divin lume
Mio fallo, o l'oda il tuo sacrato orecchio.

A quelle source plus poétique Michel-Ange pouvait-il puiser? Il emprunte ici les paroles mêmes de ce saint roi d'Israël qui éternisa, dans ses chants, et sa gloire et sa pénitence.

Averte faciem tuam a peccatis meis....
Fiant aures tuæ intendentes.
(Ps. 5o.)

Et plus bas :

Tuo sangue lavi l'empio mio costume.
Ampliùs lava me ab iniquitate mea.
(Ps. 5o.)

5. E più m'abbondi, etc.

Cette dernière idée n'est pas tirée des psaumes, mais elle ne les déparerait point.

Un sonnet du même genre fit grand bruit en France, à une certaine époque, (le fameux sonnet attribué à Desbarreaux.) Mais il est douteux qu'il réunisse à un si haut dégré que celui-ci, la beauté des pensées et celle de l'expression.

SONNET XXIX.

1. Mentre m'attrista, etc.

Ce premier quatrain offre des difficultés que l'ordre naturel des mots fera disparaître.

Mentre che d'una parte m'attrista e duol ciascun pensier del tempo andato che riede (ritorna) a memoria, e che la ragion mi fiede (ferisce) a cagion de' dì perduti, onde (de' quali) non è riparo, dall'altra parte, questo pensier m'è caro.

2. Caro m'è sol, perchè, etc.

Cette explication est amenée avec art; et la répétition des deux mots *caro e tristo*, suivis chacun du développement de la première proposition, donne de la vivacité et de l'éclat au tour de la phrase.

Michel-Ange, dans ce quatrain, se montre tout à la fois poète et philosophe.

Quant' ogni uman diletto ha corta fede.

Est l'expression d'un cœur désabusé des choses terrestres, parce qu'il en a reconnu le néant.

3. Ma pur nel sangue tuo, etc.

Ma pare pur che, nel sangue tuo, si comprenda, che i tuoi cari doni siano oltre a misura, come il tuo martire non ebbe egual per noi.

SONNET XXX.

Il y a, si je puis m'exprimer ainsi, quelque chose de *biblique* dans cette poésie; et l'on peut s'assurer par ces exemples combien Michel-Ange dut être nourri de la lecture des livres saints. Celui qui sut écrire avec une simplicité si touchante et si majestueuse, aurait dû traduire les chants des prophètes. Ce n'était pas trop de tout son génie pour une telle entreprise, mais son genre d'esprit, la fierté de sa touche, la beauté de sa diction, et l'élan de son ame le rendaient peut-être plus propre que personne à cette poésie tour-à-tour grande et naïve, terrible et douce, brillante et mélancolique.

1. Deh! fammiti, etc.

Composé de l'impératif de *fare* et des pronoms *mi* et *ti*.

2. Io te chiamo, signor.

Clamavi ad te domine.

Le pronom *te* donne à l'expression une force que n'aurait pas *ti*, lequel servirait, dans le discours ordinaire, à l'énonciation simple de la pensée.

3. Tu desti al tempo l'anima ch'è diva,
E in questa spoglia sì fragile, etc.

Cette image est grande, imposante, pleine de la majesté du Dieu que le poète représente, couvrant, d'une périssable dépouille, l'ame immortelle de l'homme qu'il va livrer au temps.

SONNET XXXI.

1. Vivo al peccato, etc.

Les éloges répétés auxquels donnent lieu ces poésies, étonneront moins, si l'on veut bien se rappeler que ce recueil est un choix, et un choix fait avec quelque sévérité parmi les œuvres de Michel-Ange. On s'est d'ailleurs efforcé de motiver, autant que possible, une admiration qu'il est bien difficile de modérer, en parlant d'un tel homme. Manque-t-elle, par exemple, d'énergie et de vivacité cette image qui ouvre le sonnet?

> Mia vita non è mia, ma del peccato
> Dalla cui fosca nebbia traviato
> Cieco cammino e son di raggion privo.

N'y a-t-il pas un heureux mélange de fierté et de honte, de douceur et de regrets dans ces vers si remarquables par leur élégante concision ?

> Serva mia libertà, per cui fiorivo,
> A me s'è fatta, o infelice stato !

Si l'on veut enfin s'arrêter aux expressions : ne sera-t-on pas frappé, avec les Italiens mêmes, de la beauté de celle-ci?

> .... Se in tua pietade io non rivivo !

Et quelle oreille pourrait n'être pas sensible à l'harmonie de ces vers ?

> Perchè, lentando a' miei desiri il morso,
> Il bel sentier che n'adduce al tuo amore
> Lasciai.

SONNET XXXII.

1. Ben sarian dolci, etc.

Le langage des artistes est en général remarquable par l'emploi des images. Accoutumés qu'ils sont à donner des couleurs aux pensées, à exprimer leurs créations idéales par des formes plutôt que par des mots, leur style semble revêtu d'un corps qui le rend presque sensible. Cette observation peut servir à expliquer l'abondance de figures qui caractérise les poésies de Michel-Ange. Également exercée dans trois arts, qui embrassent la nature sous toutes ses formes, son imagination vive et prompte dut plutôt saisir une réalité qu'une abstraction, une figure qu'un mot; et son style s'anima ainsi du feu de son esprit. En effet suivons-le, et nous allons trouver une image presque dans chaque expression :

> Nel mio terreño infertil non è parte
> Da produr frutto di virtù natìe.

La métaphore continue dans les vers suivants :

> Tu il seme se' dell' opre giuste e pie,
> Che là germoglian dove ne fai parte.

Il n'est pas nécessaire de faire remarquer tout le charme de ce langage; il tient à quelque chose de plus réel que le vain son des mots.

Pregarte, licence poétique pour *pregarti*, *seguitarte* pour *seguitarti*.

2. Tu nella mente mia pensieri infondi.

Cette dernière expression est plus forte que *répandre*, que *pénétrer*, que *graver*.

3. E dalla lingua mia chiari e facondi
Sciogli della tua gloria ardenti detti,
Perchè sempre io ti lodi, esalti, e canti.

Pourquoi faut-il paraître enthousiaste, en admirant ce style ? C'est une imitation ou plutôt une traduction du psalmiste :

« Domine, labia mea aperies, et os meum annuntiabit laudem tuam. » (Ps. 50.)

« Repleatur os meum laude, ut cantem gloriam tuam, totâ die, ma-
« gnitudinem tuam. » (Ps. 70.)

SONNET XXXIII.

Michel-Ange avait été pieux toute sa vie, mais il devint dévot dans sa vieillesse, et les beaux arts n'eurent, pour ainsi dire, plus de charmes à ses yeux que par leur application immédiate aux idées religieuses. Aussi, dans ses dernières années, travaillait-il préférablement aux églises et aux tombeaux, et la poésie, interprète touchante de ses chastes amours, ne fut plus pour lui que le langage harmonieux, mais austère, de la pénitence et du repentir.

Dans ce sonnet, comme dans quelques autres encore, il semble parfois s'accuser de nourrir, au fond de son ame, des sentiments qui ne conviennent plus à son âge, mais on peut croire, avec quelque apparence de raison, que ce ne fut qu'un innocent prétexte qu'il employa, en qualité de poète, pour donner à ses idées philosophiques et religieuses un plus grand développement.

1. La debile mia 'nferma e stanca lena.

Lena est là pour *voix*.

Ce vers est plein d'une harmonie imitative qui flatte agréablement l'oreille.

2. Porgimi.... quella catena.

La foi est représentée ici sous la figure d'une chaîne qui lie tous les bienfaits de Dieu, et plus bas, sous celle d'une clef qui ouvre les portes du ciel : c'est au moins une métaphore de trop.

3. Tanto mi fia maggior, etc.

Il dono mi fia (sarà) tanto maggiore, quanto egli è più raro degli altri doni, e maggior fia, se, senza questo dono, il mondo non have (ha) in se pace ne contento.

4. Il fonte sol del pianto amaro, etc.

Il y a, dans ces deux vers, une transposition de mots si singulière, qu'il serait peut-être bien difficile au lecteur d'en comprendre le sens véritable, sans le secours de la construction. *Per questa fede solamente il fonte del pianto amaro di penitenza mi può nascer nel cuore.*

SONNET XXXIV.

Familiarisé avec l'image de la mort, et désabusé de tous contentements humains, le poète cherche à repousser le peu d'illusions qui pourraient encore le séduire. Pourquoi se flatterait-il en effet de voir prolonger ses jours? la vie a-t-elle quelque attrait pour celui qui l'a traversée? et ses douceurs même, ne faut-il pas les fuir, s'il est vrai qu'elles nuisent à l'âme? Voilà le sujet de cette pièce. C'est le langage du philosophe, comme celui de l'homme qui ne peut plus jouir de rien ici-bas. Car, combien de fois l'impuissance ne nous tient-elle pas lieu de raison! On ne pourrait toutefois, sans injustice, appliquer cette dernière réflexion à Michel-Ange, qui, dans l'âge même des passions, eut cette maturité d'esprit, fruit tardif de l'expérience, et cette austérité de mœurs qui est le triomphe de la raison sur les sens. Cet homme rare sembla ne passer tant de jours sur la terre que pour y donner un long exemple de toutes les vertus et de tous les talents réunis.

1. Che 'l gran desir prometta.

> Che 'l miser suole
> Dar facile credenza a quel che vuole.
> (L'Ariosti.)

2. E che più vita, e che gioir s'aspetta?

« Retirez mon âme de mon corps, disait Jonas au Sei-
« gneur, car la mort vaut mieux que la vie. »

3. Che vince 'l mondo, e l'alma fa sicura.

Ce vers est plein de pompe et d'harmonie.

4. Che in uman cuor giusto voler non dura.

Ce dernier trait, qui est un vrai coup de pinceau de Michel-Ange, termine admirablement le sonnet.

SONNET XXXV.

Ce sonnet, dont il y a plusieurs variantes, est rapporté dans Vasari, tel que l'auteur le lui avait envoyé à lui-même; mais M. Biagioli, dans son édition de Paris, a adopté les corrections que Michel-Ange y fit par la suite. J'ai choisi cette dernière leçon qui m'a semblé préférable tant pour la liaison des idées que pour l'élégance du style.

Vasari, sachant les persécutions que l'envie suscitait encore à Michel-Ange dans sa vieillesse, lui écrivit de Florence, pour l'engager à quitter Rome, et à retourner dans sa patrie où l'estime et l'admiration de ses concitoyens l'attendaient. L'illustre vieillard ne put se résoudre à abandonner les travaux de Saint-Pierre, et voici la réponse qu'il fit à son ami Vasari en lui envoyant le sonnet dont je viens de parler :

« Dieu veuille, mon cher ami, que je fasse attendre la
« mort encore quelques années! Vous ne manquerez point
« de dire que je suis bien fou de vouloir faire des sonnets

« à mon âge; mais c'est précisément, pour motiver le reproche
« que l'on me fait ici d'être tombé dans l'enfance, que je veux
« faire l'enfant. Votre lettre m'est une preuve de l'amitié
« que vous avez pour moi; je voudrais bien, conformément
« à vos désirs, que mes os reposassent à côté de ceux de mes
« pères; mais, en quittant Rome, je ferais un tort immense
« à la construction de Saint-Pierre; je me couvrirais de honte
« et me croirais en quelque sorte coupable. Cependant, lors-
« que je serai parvenu à donner à cet édifice une forme qui
« ne puisse plus être changée, je vous promets de ne pas ré-
« sister davantage à vos instances; aussi bien c'est peut-être
« déjà un péché que de faire languir si long-temps certains
« intrigants avides qui n'attendent que mon départ. »

On voit, avec quelle aimable simplicité, il parle de cette innocente passion pour les vers qu'il avait conservée même dans sa vieillesse. Ceux qu'il joignit à sa lettre, pour son ami Vasari, n'annonçaient point en effet qu'il dût encore renoncer aux muses, car ils sont aussi pleins de verve que de raison, et le début offre même une image éminemment poétique.

> Giunto è già 'l corso della vita mia
> Con tempestoso mar per fragil barca
> Al commun porto, etc.

Ce qui rappelle ce passage de Cicéron,

« Quæ mihi quidem tam jucunda est ut quo propius ad mortem ac-
« cedam, quasi terram videre videar, aliquandoque in portum ex lunga
« navigatione esse venturus. » *(de Senectute.)*

Le quatrain suivant, dicté par un esprit de philosophie d'autant plus remarquable, qu'il força cet homme, passionné pour son art et pour la gloire, à ne voir dans l'un comme dans l'autre que vanité et néant, ce quatrain, dis-je, n'annonce rien moins qu'un jugement affaibli par l'âge, et Michel-Ange, à trente ans, ne fit guère de plus beaux vers que celui-ci :

> Ch'errore è ciò che l'uom quaggiù desia.

1. D'error carca.

C'est l'expression même de Pétrarque :

> Sì lieve di saver, d'error sì carca.

Ce vers rappelle tout-à-la-fois un des plus beaux sonnets de ce poète, et l'heureuse imitation que M. Arnault en a faite en vers français. On ne sera peut-être pas fâché de la retrouver ici à côté du texte :

> S'amor non è, che dunque è quel ch'i' sento ?
> Ma s'egli è amor, per Dio, che cosa e quale ?
> Se buona, ond'è l'effetto aspro e mortale ?
> Se ria, ond'è si dolce ogni tormento ?
>
> S'a mia voglia ardo, ond'è 'l pianto e 'l lamento ?
> S'a mal mio grado, il lamentar che vale ?
> O viva morte, o dilettoso male,
> Come puoi tanto in me, s'io nol consento ?
>
> E s'io 'l consento, a gran torto mi doglio,
> Fra sì contrari venti in frale barca
> Mi trovo in alto mar senza governo,
>
> Sì lieve di saver, d'error sì carca,
> Ch'i' medesmo non so quel ch'io mi voglio,
> E tremo a mezza state, ardendo il verno.

> Si ce n'est point l'amour, quel feu brûle en mes veines ?
> Ou quel est cet amour dont je me sens saisir ?
> Si c'est un bien, pourquoi cause-t-il tant de peines ?
> Si c'est un mal, pourquoi fait-il tant de plaisir ?

Librement dans mon cœur si j'en nourris la flamme,
Pourquoi gémir toujours et toujours soupirer?
Mais, plus puissant que moi, s'il asservit mon âme,
  Hélas! que me sert de pleurer!

O mort pleine de vie, ô mal plein de délice!
Auriez-vous, malgré moi, sur moi tant de pouvoir?
Ou, si c'est de mon gré, puis-je, en mon désespoir,
  Vous accuser sans injustice?

  Sans gouvernail, sur les flots mutinés,
  Chargé d'erreur, léger d'expérience,
Dans un fragile esquif, j'affronte l'inclémence
  Des aquilons contre moi déchaînés.

  Naufrage! en vain tu me menaces;
Sais-je ce que je crains? Sais-je ce que je veux?
L'été me voit trembler au milieu de ses feux,
L'hiver me voit brûler au milieu de ses glaces.

2. S'a due morti m'avvicino.

« Je n'ai plus, dit Michel-Ange, dans sa lettre précitée à
« Vasari, aucune idée qui ne soit empreinte de la mort. »

Ces lugubres images, ce dégoût prononcé pour la vie, si familiers aux génies mélancoliques, se retrouvent naturellement dans leurs productions. Ainsi, le célèbre Salvator-Rosa, tout à la fois, peintre, poëte et musicien, et dont la variété de talents, l'indépendance de caractère et l'originalité d'esprit lui donnent tant d'analogie avec Michel-Ange, avait toujours la mort devant les yeux. Voici comment il s'exprime dans son poëme de la Babilonia :

  Io so che l'uom della fortuna è un gioco,
  E a far che mai gloria mortal mi domini
  Mi figuro il sepolcro in ogni loco.

3. Ne pinger, etc.

« Non fia (sarà) più che il pingere e lo scolpire quieti
« l'anima mia. »

SONNET XXXVI.

Louis del Riccio, désirant avoir le portrait d'une femme adorée que la mort venait de ravir à sa tendresse, crut ne pouvoir mieux s'adresser, pour l'obtenir, qu'à Michel-Ange son ami et son compatriote. Mais ce dernier soigneux de sa réputation, comme artiste, ne voulut point se hasarder à faire le portrait d'une personne qu'il avait rarement vue, et dont les traits n'étaient pas assez présents à sa mémoire. Ce sont là du moins les motifs qu'il allègue dans son sonnet.

1. **A voi non già.**

Cette pensée, pour être claire, avait besoin, je crois, d'un complément : « A vous elle est toujours présente par la pensée. »

2. **E non veduta.**

C'est-à-dire : *l'arte non avendo veduta lei non l'arriva.* Ce dernier verbe n'est presque jamais employé activement, mais on en trouve quelques exemples dans *le Dante ;* il est pris dans le sens *d'avvicinare.*

SONNET XXXVII.

Après avoir admiré dans Michel-Ange l'artiste, le savant, le poète, on aime à retrouver ici le tendre ami, le bon maître. Il envoya ce sonnet, en forme d'épître, à l'archevêque de Raguse, L. Becadelli, avec qui il était fort lié. Trop vieux alors pour conserver l'espérance de le voir encore avant de mourir, il se transporte auprès de lui par la pensée, et ne craint point d'épancher, dans son sein, la douleur qu'il éprouve de la perte de son fidèle serviteur *Urbino.*

1. Per la via degli affanni e delle pene
   Spero, la Dio mercè, trovare il cielo;

Cette douce résignation rappelle les paroles de l'apôtre saint Paul.

« L'affliction produit la patience; la patience l'épreuve; et
« l'épreuve l'espérance. »

2. Pur s'aspra terra, e mar difficil tiene.

Il s'agit ici de la mer Adriatique également dépeinte par Horace :

.... Ego, quid sit ater
Hadriæ, novi, sinus.

3. Lo spirto e 'l zelo, etc.

Il y a plus de brillant que de justesse dans cette pensée.

4. E piango intanto del mio amato Urbino.

Michel-Ange lui était tellement attaché qu'il ne voulut point laisser à d'autres le soin de le servir dans sa dernière maladie. Malgré son âge et ses infirmités, on vit cet excellent maître veiller jour et nuit auprès de son domestique, et témoigner la plus vive douleur de sa mort.

Nous rapporterons ici la lettre qu'il écrivit en cette occasion à Vasari ; elle est intéressante par sa simplicité, et surtout par les sentiments qu'elle exprime.

« Mon ami Georges, j'écrirai mal, mais il faut pourtant
« que je réponde à votre lettre. Vous savez comment *Urbino*
« est mort. Ç'a été pour moi tout-à-la-fois une faveur de
« Dieu et un sujet de chagrin bien cruel. La faveur est que

« celui qui avait soin de moi pendant sa vie, en mourant
« m'a, non-seulement, appris à mourir sans regrets, mais
« même à désirer la mort. Il a été vingt-six ans avec moi;
« toujours bon, intelligent et fidèle. Je l'avais enrichi, et
« au moment où je croyais trouver en lui un bâton de vieil-
« lesse, il m'échappe, en ne me laissant que l'espérance de le
« revoir dans le ciel. J'ose y compter, d'après sa belle mort.
« Ce qui l'affligeait, disait-il, ce n'était pas de mourir, mais
« de me laisser accablé de maux au milieu d'un monde faux
« et perfide. »

Que cette tendre affection, que cette reconnaissance d'un maître pour son domestique est rare et touchante! L'ame de Michel-Ange fut donc aussi belle que son génie! Il disait un jour à *Urbino:* « Que ferais-tu, si je venais à mourir?
« J'en servirais un autre, répondit celui-ci. — O mon pauvre
« ami! reprit Michel-Ange, je veux te garantir de la misère! »
Et aussitôt il lui compta dix mille francs; présent digne d'une munificence royale.

Voici un autre fragment d'une lettre qu'il adressait à *Cornelia*, veuve d'*Urbino*; on y verra sa tendre sollicitude pour la famille de ce dernier, qu'il semblait avoir adoptée, en reconnaissance de ses services.

« Mes affaires une fois terminées, ainsi que les vôtres qui
« regardent le Mont-de-Piété, j'irai pour toujours à Flo-
« rence, parce que je suis vieux, et que je n'aurai plus le
« temps de retourner à Rome. Je passerai où tu es; si tu veux
« me donner *Michel-Ange*, mon filleul, je le tiendrai près
« de moi à Florence, avec plus d'affection que les enfants
« de *Léonard*, mon neveu, et lui enseignerai ce que je sais,
« et que son père voulait que je lui apprisse.

SONNET XXXVIII.

Michel-Ange adressa ces vers à son ami Vasari, après avoir lu *la vie des plus célèbres artistes* que ce dernier venait de publier. Les compliments qu'il lui fait sur cet ouvrage sont mérités, mais on n'en peut pas dire autant des éloges qu'il lui prodigue comme peintre. Vasari n'a laissé que quelques tableaux médiocres, qui auraient à peine sauvé son nom de l'oubli; par ses écrits il s'est placé au rang des hommes dont l'Italie doit le plus s'honorer. Élève de Michel-Ange, il en voulut imiter la manière expéditive, mais il n'avait rien de ce qu'il faut pour motiver cette prestesse qui, chez les hommes de génie, tels que Buonarroti, Annibal Carrache, Paul Véronèse et Rubens, est presque toujours l'effet d'une puissance de création qui les travaille, les domine, et les entraîne malgré eux. Les peintures de Vasari, que l'on voit au palais vieux, à Florence, sont particulièrement remarquables par l'ignorance absolue du clair-obscur, et par une froide et monotone grandiosité qui singe les chefs-d'œuvre de son maître.

1. Se con lo stile e coi colori avete
   Alla natura pareggiata l'arte,
   Anzi a quella, scemato il pregio in parte.

C'est tout au plus ce qu'on aurait pu dire de Michel-Ange même.

2. Che'l bel di lei più bello a noi rendete.

Ce vers est charmant.

3. Poichè con dotta man posto vi sete
   A più degno lavoro, a vergar carte.

Vergar carte, écrire, composer.

A partir de ce second quatrain tout est aussi bien exprimé

que bien pensé dans ce sonnet; Michel-Ange se livre à un enthousiasme vraiment poétique, en comparant les œuvres de l'écrivain à celles de l'artiste, et la supériorité qu'il accorde au premier dont le privilége est d'immortaliser l'autre, lui fournit à la fin un beau mouvement.

4. Or le memorie altrui, etc.

Or le memorie altrui che son già spente tornando accese per l'opre vostre, fate che quelle siano vive eternalmente, e voi parimente eterno, malgrado d'essa (la natura).

Le travail de Vasari a été certainement très-utile à l'histoire de l'art, mais on doit regretter que cet écrivain, si bien à même d'apprécier le mérite de chaque artiste dont il écrivait la vie, ait manqué de la qualité la plus essentielle à l'historien, l'impartialité. Trop souvent aveuglé par la passion, il prodigue avec indifférence la louange ou le blâme, l'éloge ou la critique. On pourrait, avec raison, lui reprocher aussi le silence volontaire qu'il a gardé sur plusieurs artistes recommandables; mais son ouvrage est précieux du reste par les documents, les préceptes et les observations judicieuses qu'il renferme sur les beaux arts; par le fruit que peuvent en retirer les artistes, et par l'attrait qu'il offre à la curiosité de tous les lecteurs. La postérité a confirmé, à son égard, le jugement qu'en porta, dans le temps, le célèbre *Annibal Caro*, homme aussi plein de goût que de talent. « Je me « réjouis avec vous, écrivait-il à Vasari, de ce que vous « avez fait un travail aussi beau qu'utile, et je vous prédis « qu'il vivra éternellement, parce qu'il était nécessaire, et « que le sujet en est agréable. »

FIN DES NOTES SUR LES SONNETS.

MADRIGAUX.

MADRIGALE I.

Chi è quel che per forza a te mi mena [1]
Legato e stretto, e son libero e sciolto?
Se tu incateni altrui senza catena,
E d'invisibil laccio il cor m'hai 'nvolto,
Chi mi difenderà dal tuo bel volto?
Chi dal vivo splendore [2]
Degli occhi onde saetta armato Amore [3]?

MADRIGAL I*.

Quelle force m'entraîne vers toi, lié, mais libre encore, subjugué et pourtant maître de moi-même? Ah! si tu sais retenir tes captifs, sans leur donner des chaînes; si tu enveloppes les cœurs de liens invisibles, comment se garantir du pouvoir de tes charmes, et qu'opposer à l'éclat de tes yeux d'où l'Amour lance ses traits vainqueurs?

---

* Voyez la note préliminaire.

MADRIGALE II.

Come può esser ch'io non sia[1] più mio?
Chi m' ha tolto a me stesso,
Ch' a me fosse più presso,
O in me potesse più che non poss' io?
Come mi passa il cuore
Chi non par che mi tocchi?
Che cosa è questo amore,
Che sì 'l desire invesca[2],
Ch' all' alma entra per gli occhi,
E par che là sì smisurato cresca,
Che in mille guise poi di fuor trabocchi[3]?

MADRIGAL II.

Comment se fait-il que je ne m'appartiens plus ? Qui m'a ravi à moi-même ? Quel pouvoir plus absolu, plus immédiat que ma volonté propre, a donc agi sur moi ? Qui a pu me percer le cœur, sans me faire ressentir nulle atteinte ? Quel est enfin cet amour qui fixe les désirs, qui s'insinue par les yeux jusques au fond de l'ame, et s'y développant sans mesure, est bientôt forcé de s'exhaler en mille manières au-dehors ?

MADRIGALE III.

Se quel che molto piace,
Spesso veduto, amarlo alcun costringe [1];
Se quel che pria dispiace,
In cor, che mal accorto non s'avvede,
Frequente usanza bello ne dipinge,
Nota è virtù dell' amorosa face.
Me (voi 'l sapete, Amor con voi se 'l vede
Senza che chiaro io 'l mostri)
Occasione od uso non han preso;
Sì raro [2] gli occhi miei luce han dai vostri,
Circoscritti ove appena il desir vola [3].
Un guardo sol mi ha acceso [4],
Nè più vi vidi ch' una volta sola.

MADRIGAL III.

Qu'un objet plein d'appas nous séduise à force de s'offrir à nos yeux, ou qu'une longue habitude finisse par nous révéler, dans ce qui avait même pu nous déplaire, des charmes auparavant inaperçus; ce n'est là qu'un ordinaire effet de l'amour. Mais, moi, vous le savez, et ce Dieu le sait aussi, sans que j'aie recours à des preuves; pour me séduire, il n'a rien fallu de semblable : mes yeux ont si rarement joui du doux éclat des vôtres. Je ne vous ai vue qu'une fois; un seul de vos regards a embrasé mon ame.

MADRIGALE IV.

Per fido esempio alla mia vocazione,
Nascendo, mi fu data la bellezza
Che di due arti [1] m' è lucerna [2] e specchio,
E s' altro uom [3] crede, è falsa opinione.
Questa sol l'occhio porta a quella altezza
Per cui scolpire e pinger m' apparecchio [4].
Sono i giudizj temerarj e sciocchi
Ch' al senso tiran la beltà che muove,
E porta al cielo ogni intelletto sano [5].
Dal mortale al divin non vanno gli occhi
Che sono infermi, e non ascendon dove
Ascender senza grazia è pensier vano.

MADRIGAL IV*.

Il me fut accordé en naissant, comme un gage assuré de ma vocation, cet amour du beau qui, dans deux arts à la fois, et me guide et m'éclaire. Mais croyez-moi : jamais je ne contemplai la beauté que pour agrandir ma pensée, avant de saisir la palette ou le ciseau. Laissons des esprits téméraires et grossiers ne chercher que dans les objets matériels, ce beau qui émeut, qui transporte les esprits supérieurs jusqu'au ciel; ce n'est pas à des regards infirmes qu'il est donné de s'élever de l'homme à la divinité : ils essaieraient vainement d'arriver où la grace seule peut conduire.

---

* Voyez la note préliminaire.

MADRIGALE V.

Ogni cosa ch' io veggio mi consiglia,
E prega e sforza ch' io vi segua ed ami;
Che quel che non è voi non è 'l mio bene.
Amor che sprezza ogni altra maraviglia,
Per mia salute vuol ch' io cerchi e brami
Voi sole sola [1]; e così l' alma tiene
D' ogni altra spene [2] e d' ogni desir priva;
E vuol ch' io arda e viva
Non pur di voi [3], ma di chi voi simiglia
Degli occhi e delle ciglia in qualche parte.
E chi da voi si parte,
Occhi, mia vita, non ha luce poi;
Che 'l ciel non è dove non sete voi [4].

MADRIGAL V.

Oui, tout ce que je vois me fait sentir plus vivement encore le besoin de vous aimer, de m'attacher à vos pas; tout me dit qu'il n'est de félicité qu'en vous seule. L'amour, aux yeux de qui nulle beauté n'a de prix que la vôtre, veut que pour mon bonheur, ô mon astre! vous soyez l'unique objet de mon ardente flamme; il veut qu'étranger à tout autre désir, à tout autre espérance, je brûle et vive non-seulement pour vous, mais encore pour ce qui me rappelle ou vos regards ou vos charmes. Beaux yeux qui me donnez la vie! Se séparer de vous, c'est se priver de la lumière; car le ciel n'est plus où vous n'êtes pas.

MADRIGALE VI.

Come avrò mai virtute,
Tolto [1] da voi, di sostenermi in vita,
S' io non posso al partir [2] chiedervi aita?
Quei pianti, quei singulti, e quei sospiri,
Ch' a voi 'l mio cor dolente accompagnaro,
Madonna, duramente dimostraro [3]
La mia propinqua morte e i miei martiri.
Ma se fia [4] ver che per assenza mai
Mia fedel servitù vi sia in obblio [5],
Per rimembranza de' miei lunghi guai,
Vi lascio in pegno il cuor che non è mio.

MADRIGAL VI.

Loin de vous, comment supporterai-je la vie, si vos consolations ne viennent, au moment du départ, raffermir mon courage? Ces pleurs, ces soupirs, ces sanglots que mon cœur plein de désespoir a déja fait éclater, vous présagent assez cruellement mon martyre et ma mort prochaine. Ah! si jamais l'absence devait vous faire oublier votre esclave fidèle, je vous laisse, pour gage et pour souvenir de mes longues douleurs, un cœur qui ne m'appartient plus.

MADRIGALE VII.

Il mio rifugio, e l' ultimo mio scampo
(Qual più sicuro o forte?)
È il piangere e 'l pregare, e non m' aita.
Amore e Crudeltà [1] m' han posto il campo [2];
L' un s' arma di pietà, l' altra di morte [3];
Questa m' ancide [4], e quel mi tiene in vita.
Così l' anima ardita
Tenta 'l partir che sol poria giovarne.
Più volte per andarne,
S' è mossa [5], là dov' esser sempre spera;
Ma l' immagine vera,
Della qual vivo, allor risorge al core,
Perchè da morte non sia vinto Amore.

MADRIGAL VII.

Des larmes et des prières! voilà ma dernière ressource, mon unique moyen de salut; (en est-il de plus sûr ou de plus efficace?) et cependant je n'en suis point soulagé. Amour et Cruauté se sont armés contre moi : par sa pitié, l'un m'attache à la vie; par ses rigueurs, l'autre me donne la mort. Si mon ame, ainsi combattue et cherchant sa sécurité dans une fuite courageuse, veut quelquefois s'élancer au séjour où l'espérance lui montre un refuge éternel, soudain l'image de celle qui me retient à la vie, se réveille plus fortement dans mon cœur, pour empêcher la mort de triompher de l'amour.

MADRIGALE VIII.

Se, in vece del gioir, gli affanni e i pianti
Tu brami, Amor, m' è caro ogni tuo strale[1];
Che fra la morte e il male
Non dona il tempo pure un breve spazio;
Perchè 'l morire[2] ai non felici amanti
Risparmia il duolo, ed è minor lo strazio[3].
Ond' io pur ti ringrazio
Della mia morte per trarmi di doglie[4];
Ch' ogni mal sana chi la vita toglie[5].

MADRIGAL VIII.

Amour! puisque tu préfères au bonheur, les chagrins et les larmes, je cours moi-même au-devant de tes traits, parce qu'entre les blessures qu'ils font et la mort, le temps n'accorde pas un seul moment d'intervalle, et que, pour les amants malheureux, mourir est l'unique moyen d'abréger leur supplice. Termine donc à la fois et mes jours et ma peine; amour, je t'en rendrai grace : nous ôter la vie, c'est nous délivrer de tous maux.

MADRIGALE IX.

Beati voi che su nel ciel godete [1]
Le lacrime che 'l mondo non ristora [2],
Favvi amor forza ancora,
O pur per morte liberi ne sete [3]?
La nostra eterna quiete,
Fuor d'ogni tempo, è priva
D' invidia, amando, e d'angosciosi pianti.
Dunque il peggio è ch' io viva,
S' amando io ne riporto affanni tanti.
Se 'l cielo è degli amanti
Amico, e 'l mondo è lor crudele e ingrato,
Amando a che son nato?
A viver molto? e questo mi spaventa;
Che 'l poco è troppo a chi ben serve e stenta [4].

MADRIGAL IX*.

Esprits bienheureux, qui goûtez, dans le ciel, le prix des larmes dont rien ne dédommage ici-bas, dites-le-moi : l'amour exerce-t-il encore sur vous son empire, ou en êtes-vous affranchis par la mort?—Dans notre quiétude éternelle, l'amour dont nous brûlons, est à jamais exempt de chagrins, de pleurs, de jalousie.—Vivre est donc pour moi le plus affreux des maux, ne pouvant aimer qu'au prix de tant de souffrances! Ah! si le ciel en effet s'ouvre aux amants comme un séjour propice, tandis que ce monde est pour eux plein d'amertume et d'ingratitude, qu'attendre ici-bas en aimant? une longue vie peut-être : à cette seule idée, j'entre en effroi, car peu de jours c'est encore trop, pour qui sert et souffre.

---

* Voyez la note préliminaire.

MADRIGALE X.

Sotto due belle ciglia [1],
Nella stagion che sprezza ogni suo strale,
Sue forze Amor ripiglia.
Gli occhi miei vaghi d'ogni maraviglia [2]
Di lor fan prova [3], e contrastar non vale.
E intanto pur m'assale
Appresso al dolce [4] un pensiero aspro e forte
Di vergogna e di morte;
Nè perde [5] Amor per maggior pene e danni;
Ch' un dì non vince l'uso di molti anni.

MADRIGAL X.

Dans l'âge où l'on brave les traits de l'amour, deux yeux charmants lui ont rendu sur moi son empire. Épris de tout ce qui est beau, je ne leur oppose, hélas! qu'une résistance inutile. Mais à ce doux entraînement se mêle une pensée forte et terrible de repentir et de mort, sans que l'amour cependant perde rien de son pouvoir sur mon ame, par l'image des maux plus cruels qui me sont encore préparés; un seul jour ne peut vaincre un penchant fortifié par l'âge.

MADRIGALE XI.

Non è senza periglio,
Il tuo volto divino,
Dell' alma, a chi è vicino,
Com' io, a morte, che la sento ognora [1];
Ond' io m' armo e consiglio
Per far da quel [2] difesa anzi ch' io mora.
Ma tua mercede, ancora
Che 'l mio fin sia da presso [3],
Non mi rende a me stesso,
Nè alcuna tema dal tuo amor mi scioglie,
Dolce fontana [4] di mie amare doglie.

MADRIGAL XI.

La vue de tes divins attraits est encore redoutable, même pour celui qui se sent, comme moi, poursuivi de près par la mort. Aussi cherché-je à me prémunir, à m'armer contre une si magique puissance. Mais, source délicieuse de mes amères douleurs! quoique près du terme fatal, je sens que ta pitié ne peut me **rendre à** moi-même, ni l'effroi de la mort étouffer mon amour.

MADRIGALE XII.

S'io fossi stato ne' prim' anni accorto
Ché 'l bello, ond' io [1] fui vago, almo splendore
Dovesse, giunto al core,
Farmisi un fuoco d'immortal tormento,
Come avrei volentier di luce spento [2]
Lo sguardo! e della piaga che m' ha morto,
Colpa [3] del folle giovenil errore,
Non porterei così lacero il petto.
Ma, se nelle prim' ore
Della sua guerra alcun s'è mal difeso,
Non accusi da sera il suo disdetto [4].
E chi rimase preso
Nell' età verde, ch' or m'è lume e specchio,
Indarno il piange allor ch' è stanco e vecchio.

MADRIGAL XII.

Si dès mes jeunes ans, j'eusse prévu que la ravissante beauté dont je fus idolâtre, dût, en pénétrant dans mon cœur, y allumer une flamme éternellement dévorante, avec quel empressement j'aurais moi-même privé mes yeux de la lumière ! Pour prix d'une folle erreur de jeunesse, je ne porterais point aujourd'hui dans mon sein une mortelle blessure.

O vous, qui résistez faiblement aux premiers assauts de l'amour, n'allez point accuser plus tard votre destin ; croyez-en mon expérience : les passions du jeune âge coûtent, à l'impuissante vieillesse, d'inutiles regrets.

MADRIGALE XIII.

Non pur [1] la morte, ma 'l timor di quella,
Da crudel donna e bella
Ch' ognor m' ancide, mi difende e scampa.
E, se talor m' avvampa
Più dell' usato il fuoco in ch' io son corso [2],
Non trovo altro soccorso
Che l'immagin di morte in mezzo 'l cuore;
Che dove è morte non s' appressa Amore [3].

MADRIGAL XIII.

Ce n'est pas la mort seule, mais encore l'effroi qu'elle inspire qui peut me sauver, me défendre de la beauté cruelle attachée à ma perte. Quand je sens redoubler, en mon sein, la flamme que j'y ai moi-même fait naître; pour unique ressource, j'ouvre mon ame entière à la pensée de la mort; car l'amour fuit à son approche.

MADRIGALE XIV.

Occhi miei, siete certi
Che 'l tempo passa, e l'ora s'avvicina
Ch' agli sguardi e al pianto il passo serra [1].
Pietà dolce di voi vi tenga aperti,
Mentre la mia divina
Donna si degna d'abitare in terra.
Ma se 'l ciel si disserra
Per le bellezze accorre [2] uniche e sole
Del mio terreno sole,
S' ei torna in ciel fra l'alme dive e liete,
Allor ben, sì, che chiuder vi potete.

MADRIGAL XIV*.

Vous le savez, mes yeux, le temps fuit; déja le moment approche où vos regards vont s'éteindre et vos pleurs se tarir. Ah! par pitié pour vous-mêmes, restez ouverts au divin objet que j'adore, pendant qu'il daigne habiter ici-bas; mais quand le ciel, jaloux de posséder tant de charmes, s'ouvrira pour recevoir parmi les esprits immortels et heureux le soleil de ma vie, c'est alors que vous pourrez vous fermer pour jamais.

---

* Voyez la note préliminaire.

MADRIGALE XV.

Amor, perchè mai forse
Non sia la fiamma spenta,
Nel freddo tempo dell' età men verde [1]
L' arco novellamente in me ritorse,
E mi saetta [2] ognor ch' ei si rammenta
Che 'n gentil cor [3] giammai colpo non perde.
Amor negli anni altrui stagion rinverde
Per un bel volto [4]; or peggio è [5] al sezzo strale
La ripercossa, che 'l mio primo male.

MADRIGAL XV.

Dans la froide saison qui suit l'été de l'âge, l'amour, pour empêcher ma flamme de s'éteindre, a de nouveau tourné son arc vers moi; et le cruel ne cesse de m'accabler de ses traits, sachant que dans un cœur bien né, nul de ses coups ne porte en vain. Par les charmes d'un beau visage, il ranime au sein d'un vieillard les feux de la jeunesse; mais sa dernière atteinte est la plus dangereuse, et la rechûte est pire que le mal.

MADRIGALE XVI.

Amor, se tu se' Dio [1],
Come ti chiama 'l mondo, e 'l tutto puoi,
Scioglimi, deh, dell' alma i lacci tuoi.
Sconviensi al gran desio
D' alta beltà la speme
Negli ultimi anni al tempo del partire.
Ogni tua grazia ormai m' aggrava e preme,
Che, se breve è 'l piacer, doppia 'l martire.
Non può pace portar tardo gioire.

MADRIGAL XVI.

Amour, si tu es un dieu, comme on le dit; si ton pouvoir est sans bornes, dégage mon cœur de tes liens. Épris d'une céleste beauté, me sied-il d'espérer sur le bord de la tombe? Chacune de tes faveurs ajoute à mes tourments; un plaisir court entraîne un long martyre, et jamais jouissance tardive n'a pu satisfaire le cœur.

MADRIGALE XVII.

Quantunque il tempo ne costringa [1], e sproni
Ognor con maggior guerra
A rendere alla terra
Le membra afflitte, stanche, e peregrine,
Non ha per ancor fine
Chi nuoce all' alma [2], e me fa così lieto;
Nè par che mi perdoni
Benchè l'ore di morte
Mi sian tanto vicine,
E sì dubbiose nel final decreto [3];
Che l'error consueto,
Com' più m'attempo, ognor si fa più forte;
O dura mia più ch' altra crudel sorte! [4]
Tardi oramai puoi tormi tanti affanni;
Ch' un cuor che arde, ed arse già molti anni,
Torna, sebben l'ammorza la ragione,
Non più già cuor, ma cenere e carbone [5].

MADRIGAL XVII.

Quoique le temps, chaque jour plus acharné à ma poursuite, me presse de rendre à la terre ma dépouille vieillie, languissante et mortelle, je ne suis point encore délivré d'un sentiment qui fait à-la-fois la perte et la joie de mon ame. Ni la mort qui s'avance, ni l'instant inconnu de son arrêt fatal, rien ne peut empêcher l'amour, cette erreur habituelle, de croître dans mon sein avec l'âge. O sort cruel! sort à nul autre comparable! il est trop tard désormais pour remédier à mes maux : la raison elle-même s'efforcerait en vain de rendre à son premier état, un cœur qui brûla si long-temps, qui brûle encore et doit périr consumé.

MADRIGALE XVIII.

Tanto [1] alla speme mia di se promette
Donna pietosa e bella,
Che, in rimirando quella,
Sarei, qual fui per tempo, or vecchio, e tardi.
Ma perch' ognor si mette
Morte invidiosa [2] e fella
Fra i miei diletti e i suoi pietosi sguardi,
Solo convien ch' io ardi
Quel picciol tempo [3] che la morte obblio.
Ma perchè 'l pensier mio
Pur là ritorna al paventoso errore,
Dal mortal ghiaccio [4] è spento il dolce ardore.

MADRIGAL XVIII.

Belle et sensible, celle que j'aime me flatte d'un espoir si doux, qu'à sa vue seule le feu de ma jeunesse semble ranimer mes vieux ans. Mais hélas! ce bonheur que donne le tendre regard d'une amante, la mort jalouse et cruelle vient à chaque instant le troubler par des pensers funestes. Si j'ouvre mon cœur à l'amour, ce n'est donc que dans les moments trop rapides où je puis chasser loin de moi le souvenir de la mort : bientôt, plus effrayant encore, il rentre dans ma pensée, et glace d'un froid soudain ma douce ardeur.

MADRIGALE XIX.

Se per mordace di molt' anni lima [1]
Discresce, e manca ognor tua stanca spoglia,
Anima inferma, or quando fia ti scioglia
Da quella il tempo, e torni ov' eri in cielo,
Candida e lieta prima?
Che, bench' io cangi il pelo,
E già sì di mia vita il fil s'accorti,
Cangiar non posso il mio tristo antic' uso [2],
Che, più invecchiando, più mi sferza e preme.
Signore, a te nol celo,
Ch' io porto invidia a' morti [3]
Sbigottito e confuso,
Sì di se meco l' alma trema e teme [4].
Deh! tu nell' ore estreme
Stendi ver me le tue pietose braccia,
A me mi togli, e fammi un che ti piaccia.

MADRIGAL XIX.

Ame infirme! chaque jour voit ta mortelle dépouille s'user et défaillir sous la lime mordante du temps. Quand iras-tu, libre de tes entraves, retrouver, dans le ciel, ton innocence et ta joie première? Hélas! mes jours s'abrégent; le temps a blanchi ma tête; et je ne puis me détacher encore de mes erreurs habituelles : plus je vieillis, plus elles s'enracinent et se fortifient. O mon Dieu! je l'avoue avec trouble et confusion, c'est aux morts que je porte envie; tant mon ame, ici-bas, a de sujets de crainte. Ah! daigne, dans mes derniers moments, m'ouvrir tes bras miséricordieux; viens m'arracher à moi-même, et me rendre digne de ton amour.

MADRIGALE XX.

Ora d' un ghiaccio, or d' un ardente fuoco [1],
E sempre de' mie' danni il cuor gravato [2],
L'avvenir nel passato
Specchio con trista e dolorosa speme.
E'l ben, per durar poco [3],
L' alma, non men che 'l mal, m' aggrava e preme.
Alla [4] buona, alla ria fortuna insieme
Stanco egualmente, a Dio chieggio perdono;
E veggio ben che della vita sono
Ventura e grazia l' ore brevi e corte [5];
Che l' umane miserie han fin per morte.

MADRIGAL XX.

Brulant et glacé tour-à-tour, mais sans cesse abattu sous le poids de ses maux, mon cœur plein d'une triste et douloureuse espérance, ne me montre pour avenir, qu'un retour cruel du passé. Le plaisir, dans sa brièveté, me semble aussi poignant que la peine ; las de la prospérité comme de l'infortune, je prie Dieu de me pardonner mes erreurs, et je vois bien que si nos instants de bonheur ici-bas sont rapides, nos maux, hélas! ne finissent qu'avec notre vie.

MADRIGALE XXI.

Ohimè, ohimè! ch' io son tradito
Da' miei giorni fugaci [1], e pur lo specchio
Non mente, s' amor proprio non l' appanna.
Ahi! che chi folle nel desir s' affanna [2],
Non s' accorgendo [3] del tempo fuggito,
Si trova, come me, in un punto vecchio;
Nè mi so ben pentir, ne m' apparecchio,
Nè mi consiglio con la morte appresso.
Nemico di me stesso,
Inutilmente pianti e sospir verso [4];
Che non è danno pari al tempo perso [5].

MADRIGAL XXI.

Hélas! que je me suis trompé sur la durée de mes jours! et cependant, pour des yeux que ne fascine point l'amour-propre, la vérité parle dans un miroir. Malheureux celui qui plein de sa passion et follement inattentif au vol rapide du temps, se trouve comme moi, tout-à-coup, au déclin de sa vie! Poursuivi de près par la mort, je n'éprouve qu'un repentir stérile; mon ame manque de force, mon esprit de résolution. Constant ennemi de moi-même, j'exhale de vains soupirs, je verse d'inutiles larmes; car la plus irréparable des pertes est celle du temps.

MADRIGALE XXII.

Ohimè, ohimè[1]! che pur pensando
Agli anni corsi, lasso! non ritrovo,
Fra tanti, un giorno che sia stato mio.
Le fallaci speranze e 'l van desio,
Piangendo, amando, ardendo, e sospirando,
(Ch' affetto alcun mortal non m' è più nuovo[2])
M' hanno tenuto, ora il conosco e provo,
E dal vero e dal ben sempre lontano.
Io parto a mano a mano[3],
Crescemi ognor più l' ombra[4], e 'l sol vien manco,
E son presso al cadere, infermo e stanco.

MADRIGAL XXII.

Hélas! hélas! je rejette ma pensée en arrière, et ne puis trouver, parmi tant d'années écoulées, un seul jour qui ait vraiment été mien. Sans cesse éloigné du bonheur et de la vérité, c'est vous, je le vois bien aujourd'hui, qu'il faut que j'en accuse, désirs ambitieux, espérances trompeuses, fol amour, larmes, plaintes, soupirs et ardeurs inutiles; car il n'est aucun sentiment humain qui me soit étranger. Et cependant j'approche à chaque instant du terme; je vois de plus en plus l'ombre croître, et le jour décliner pour moi; déja faible et mourant, je touche au seuil de la tomb.

MADRIGALE XXIII.

Io vo, misero, ohimè! nè so ben dove [1],
Aspro temo 'l viaggio [2], e 'l tempo andato
L' ora [3] m' appressa per che gli occhi chiuda
Or che l' età la scorza cangia e muda,
La morte e l' alma insieme fan gran prove [4]
Con dura e incerta guerra del mio stato;
E s' io non son per troppa tema errato
(Voglialo il cielo e il proprio amor [5] ch' io sia),
L'eterna pena mia
Nel mal inteso e mal usato vero [6]
Veggio, Signor, nè so quel ch' io mi spero.

MADRIGAL XXIII.

Malheureux! j'avance dans la vie, plein de trouble et d'incertitude. L'avenir, le passé me causent une égale crainte, et je vois s'approcher le moment où mes yeux se fermeront pour jamais. Tandis que le temps exerce sur mon corps ses ravages, la mort livre à mon ame une guerre cruelle dont l'issue est incertaine pour moi. Hélas! si trop de crainte ne m'abuse (et plût au Ciel que, pour mon propre bonheur, je pusse aujourd'hui me tromper!), je vois dans mes erreurs mêmes, mon éternel châtiment, et ne sais ce que je dois encore espérer.

MADRIGALE XXIV.

Mentre che 'l mio passato m'è presente,
Che indarno io schivo e innanzi ognor mi viene,
O mondo falso, allor conosco bene
L'errore e 'l danno dell' umana gente[1].
Quel cor ch' al fin consente
A tue lusinghe, a tuoi vani diletti,
Procaccia all' alma dolorosi guai.
Vedel[2] chi ben pon mente
Come spesso prometti
Altrui la pace, e il ben che tu non hai.
Quant' io piansi giammai,
Quant' io soffersi affanni
Fu 'l creder troppo ai tuo' fallaci inganni.

MADRIGAL XXIV.

Je rejette envain loin de moi le souvenir du passé; toujours il se présente à ma mémoire, et me fait connaître, ô monde décevant, tous tes dangers et toutes tes erreurs. Celui qui se laisse séduire par tes douces promesses, par tes plaisirs trop vains, prépare de douloureux tourments à son ame. Il suffit d'y bien réfléchir pour se convaincre que tu nous flattes le plus souvent d'un repos, d'un bonheur que tu ne possèdes point. Hélas! c'est pour m'être abandonné trop long-temps à tes illusions mensongères, que j'ai souffert tant de maux et versé tant de pleurs.

MADRIGALE XXV.

Condotto da molti anni all' ultim' ore,
Tardi conosco, mondo, i tuoi contenti[1].
La quiete onde sei privo altrui presenti,
E quel riposo ch' anzi al nascer muore;
Ma non però vergogna ne dolore
Dei mal spesi anni miei sì fuggitivi,
Voglia e pensier nel cuor non mi rinnova.
Che chi s' invecchia, ahimè! in un dolce errore,
Mentre nel suo desio par che s'avvivi,
L'anima ancide, e nulla al corpo giova[2].
M' avveggio al fin con mia 'nfelice prova,
Che quei per sua salute ha miglior sorte
Ch' ebbe nascendo più presta la morte[3].

MADRIGAL XXV.

Conduit, par de longues années, au terme de ma carrière; trop tard, je reconnais, ô monde, ce que sont tes plaisirs : tu nous offres un repos qui n'est point ton partage, un bonheur qui meurt en naissant. Toutefois ni la douleur ni la honte du triste emploi de mes jours, hélas! si fugitifs, ne peuvent changer désormais ni mes désirs ni mes pensées; car celui qui vieillit dans une tendre erreur, pendant qu'il croit y trouver un aliment à la vie, ne fait que donner la mort à son ame, sans avantage pour son corps. Ah! je le vois enfin, par ma propre et cruelle expérience : l'être le plus heureux est celui dont la mort suit de plus près la naissance.

MADRIGALE XXVI.

Ora su 'l destro or su 'l sinistro piede [1]
Variando cerco [2] della mia salute;
Fra 'l vizio e la virtute
Il cuor confuso mi travaglia e stanca,
Come chi 'l ciel non vede
Che per ogni sentier si perde e manca.
Porgo la carta bianca
Ai vostri sacri inchiostri [3],
Ove per voi nel mio dubbiar si scriva [4],
Come quest'alma d'ogni luce priva
Possa non traviar dietro il desio
Negli ultimi suoi passi, ond' ella cade [5];
Per voi si scriva voi che 'l viver mio
Volgeste al ciel per le più belle strade.

MADRIGAL XXVI.*

Je vais, d'un pas incertain, à la recherche du salut; mon cœur flottant sans cesse entre le vice et la vertu, souffre, et se sent défaillir comme un voyageur fatigué qui s'égare dans les ténèbres.

Ah! devenez mon conseil : vos avis me seront sacrés ; éclairez mes doutes; guidez ma raison offusquée; préservez mon ame abattue des nouveaux égarements où pourraient la plonger mes passions. Oui, dictez-moi vous-même ma conduite, vous qui sûtes, par de si doux chemins, me diriger vers le ciel.

---

* Voyez la note préliminaire.

MADRIGALE XXVII.

Non sempre al mondo è si pregiato e caro
Quel che molti contenta,
Che non sia alcun che senta
Quel ch' è lor dolce a se crudo ed amaro [1].
Ma spesso al folle volgo, al volgo ignaro
Convien ch' altri consenta,
E mesto rida dov' ei ride e gode,
E pianga allor che più felice siede.
Io del mio duol quest' uno effetto ho caro,
Ch' alcun di fuor [2] non vede
Chi l' alma attrista, e i suoi desir non ode;
Ne temo invidia, o pregio onore o lode [3]
Del mondo cieco [4] che, rompendo fede,
Più giova a chi più scarso esser ne suole,
E vo per vie men calpestate e sole [5].

MADRIGAL XXVII *.

Rien de ce que le monde renferme de plus cher et de plus précieux, ne l'est réellement assez aux yeux de tous les hommes, pour que là même où le plus grand nombre trouve de la douceur, quelques-uns ne trouvent pas de l'amertume. Mais, combien de fois, par condescendance, ne nous faut-il pas imiter le vulgaire insensé! contraindre notre joie pour partager sa tristesse, renfermer nos douleurs pour sourire à ses vains plaisirs! Moi, j'ai dans mes chagrins, du moins ce contentement, que personne ne lit, sur mon visage, ni mes ennuis, ni mes désirs. Je ne crains pas plus l'envie que je ne recherche les louanges du monde; de ce monde injuste et trompeur qui ne protège que ceux qui le paient de plus d'ingratitude; et je marche dans des routes solitaires et peu frayées.

* Voyez la note préliminaire.

MADRIGALE XXVIII.

Nel mio ardente desio
Costei pur mi trastulla [1],
Di fuor pietosa, e nel cor aspra e fera [2].
Amor, non ti diss'io
Ch' e' non ne sare' nulla,
E che 'l suo perde chi 'n quel d'altri spera [3]?
Or, s'ella vuol ch'io pera,
Mia colpa e danno fu prestarle fede;
Ma ingrato è chi più manca a chi più crede. [4]

MADRIGAL XXVIII.

Sensible en apparence à mes maux; mais froide et cruelle dans l'âme, elle se joue de ma brûlante ardeur. Amour, ne te l'avais-je pas dit, que mon espérance était vaine; que l'on perdait son propre appui, en comptant sur celui des autres? Eh bien! si maintenant elle veut que je meure, mon tort, mon malheur le plus grand n'est-t-il pas d'avoir cru à ses promesses trompeuses? Mais plus celui qu'on abuse est crédule, plus on est ingrat et coupable.

NOTES.

MADRIGAL I.

On croit généralement que le mot *Madrigal* vient de l'italien *Mandra*, qui signifie troupeau, parce que ce genre de poésie fut, en Italie, presque entièrement consacré à exprimer des galanteries pastorales. Parmi nous, cette dénomination sert à désigner une petite pièce ingénieuse dont la chûte doit être moins saillante, mais plus délicate que celle de l'épigramme, et qui, simple et naïve, doit toujours exprimer, comme le dit Boileau, la douceur, la tendresse et l'amour.

D'après l'une ou l'autre de ces définitions, plusieurs madrigaux de ce recueil portent un titre qui ne leur convient guères; mais quelques auteurs ont pensé, avec assez de raison, que le madrigal pouvait ne pas être toujours monté au ton doucereux de la tendresse, ou d'une galanterie ingénieuse, et qu'un sujet raisonnable ne sortirait point de la nature de ce petit poëme. Michel-Ange, sans faire connaître son sentiment à cet égard, a poussé la liberté encore plus loin, en consacrant la plupart de ses madrigaux à l'expression des sentiments religieux, des pensées graves et philosophiques qui dominèrent sa vieillesse; et plus d'un lecteur français pourra bien être choqué de l'alliance de semblables matières avec un titre qui, d'après les idées reçues, paraît ne devoir annoncer que de la finesse, de la grace et du sentiment. Cependant quelques-uns des madrigaux de notre poète, fruit d'une imagination plus jeune et plus riante, et dont l'amour seul fait le sujet, présentent le vrai caractère de ce genre de poésie; mais ils sont rares, et ne font que prouver davantage que Michel-Ange fut plus homme de génie que bel esprit.

> 1. Chi è quel che per forza a te mi mena
> Legato e stretto, e son libero e sciolto?

Ces premiers vers expriment assez bien le charme entraînant de l'amour dont les liens, quoiqu'invisibles n'en ont pas moins de puissance.

> 2. Chi dal vivo splendore.

C'est-à-dire, *Chi mi difenderà dal vivo splendore.*

Difendere est employé avec la préposition *da*, parce que les effets de l'action exprimée par ce verbe sont encore éloignés.

> 3. ... Onde saetta armato amore.

L'image que présente ce dernier vers est vive et brillante, et le mot *saetta* est ici plein de force.

MADRIGAL II.

> 1. Come può esser ch'io non sia più mio?

« Comment se fait-il que je ne m'appartiens plus. »

Les grammairiens ont posé en principe que les propositions interrogatives veulent le mode du subjonctif, quand il s'agit d'un doute; celui de l'indicatif, quand la chose dont on parle est certaine. Ici le sens de la phrase est affirmatif : *Comment se fait-il que* indique que la chose est faite, et l'exclamation résulte de l'étonnement, non du doute. Si le doute pouvait porter sur quelque chose, ce serait sur la manière dont ce changement s'est opéré, mais non sur son existence; car il est certain que le poète n'est plus à lui-même : il est tout à l'amour.

2. *Invesca* veut dire proprement *engluer*, expression triviale, qu'on ne saurait employer convenablement en français, mais qui, pleine de noblesse et d'harmonie en italien, donne une singulière énergie à ce vers :

Che sì 'l desire invesca.

3. Che in mille guise poi di fuor trabocchi.

Ce vers et le précédent sont fort beaux; on y voit toute l'intensité de cette passion qui, contenue quelque temps en silence, se manifeste enfin par des effets extérieurs, et se déborde, *di fuor trabocca*, comme un torrent hors de ses digues.

Michel-Ange, dans ce madrigal, a voulu peindre l'empire absolu que l'amour exerce sur l'homme, sans qu'il puisse, le plus souvent, ni prévoir ses coups, ni s'en défendre. Le tour en est vif et rapide; le style plein d'images et d'expressions heureuses, telles que celle-ci :

Come mi passa il cuore
Chi non par che mi tocchi?

MADRIGAL III.

1. *Se quel che piace molto costringe alcuno che lo vegga spesso ad amarlo, se una frequente usanza dipinge bello quel che prima dispiacque in un cuore che essendo mal accorto non s'avvide della bellezza dell' oggetto, questo è virtù nota dell' amorosa face.*

2. Sì raro.

Expression abverbiale ; ou elliptique, si l'on veut sous-entendre *in tempo*.

3. Circoscritti ove appena il desir vola.

Michel-Ange a sans doute voulu faire entendre, par là, qu'il considérait l'objet de son amour comme une divinité placée dans une région sublime, vers laquelle il osait à peine élever ses regards et sa pensée ; mais je n'ai pas hésité à supprimer, dans ma traduction, ce passage de l'original, qui m'a paru voisin du galimathias.

4. Un guardo sol mi ha acceso,
Nè più vi vidi ch'una volta sola.

Le fond de ce madrigal est renfermé dans ces deux derniers vers. Notre poète ne veut pas être confondu avec ces amants vulgaires que la vue habituelle d'un bel objet peut seule charmer, et qui ne s'embrasent que par degré : chez lui l'amour a été le rapide effet d'un coup-d'œil, et il n'a pas besoin, pour alimenter sa flamme, de voir souvent celle qu'il aime, tant cette beauté l'a frappé, tant il en conserve l'image vivante au fond du cœur !

MADRIGAL IV.

Les poésies de Michel-Ange ne se ressemblent pas toutes par le fond, quoique presque toujours elles se ressemblent par la forme, et ne pivotent point, comme on l'a prétendu, sur le même centre. Les unes, serviles imitations, il faut le dire, des anciens poètes italiens, ne sont pleines que de ce spiritualisme qui, chez Pétrarque même, subtilisa trop souvent le sentiment et en défigura l'expression; mais les autres, véritables inspirations du cœur, malgré quelques traces de mauvais goût qu'on y retrouve encore, peignent l'affection vive et pure, constante et réelle que ce grand homme conserva jusqu'à la fin de sa vie pour une femme très-connue, et célèbre autant par sa beauté et ses talents, que par le rang qu'elle tint dans le monde et l'éclat qu'ont jeté ses propres œuvres poétiques. Plusieurs autres enfin sont consacrées, du moins selon moi, à l'expression de son amour passionné pour la beauté inspiratrice des arts; pour cette beauté sans modèle sur la terre, mais qui fournit au génie ses plus admirables conceptions; en un mot, pour la beauté idéale dont on ne peut parler avec transport, avec feu, et d'une manière digne d'elle que lorsqu'on a soi-même la puissance d'en retracer les traits célestes ou dans des vers, ou sur le marbre, ou sur la toile, comme le Dante, Michel-Ange et Raphaël.

Ces distinctions trouveront à coup sûr des critiques, surtout parmi ces hommes exclusifs qui n'ont voulu voir, jusqu'à ce jour, dans les poésies de ce célèbre artiste, qu'un sujet unique : l'amour; imaginaire, suivant les uns, réel selon les autres. Mais ne serait-il pas facile de prouver aux premiers, par des faits, par l'histoire même de Michel-

Ange, écrite pour ainsi dire sous ses yeux, qu'un grand nombre de ses sonnets et madrigaux furent adressés à la marquise de Pescaire (*Vittoria colonna*), dont ils nous rappellent les vertus, la grace, l'esprit et la mort prématurée (*) ; aux seconds, trop scrupuleusement attachés à la lettre, que des morceaux de poésies, tels que celui que nous allons analyser, ne peuvent raisonnablement se rapporter à cette femme, ni à nulle autre, mais que le poète a voulu seulement y consigner les idées qu'il s'était formées du beau proprement dit dans les arts d'imitaton? Voyons si l'examen du madrigal IV ne viendra pas à l'appui de cette opinion.

Per fido esempio alla mia vocazione,
Nascendo, mi fù data la bellezza
Che di due arti m'è lucerna e specchio.

C'est du seul mot *bellezza* que dépend ici tout le sens; pris dans l'acception de beauté, objet matériel d'une passion plus ou moins durable chez l'homme, il ferait de ce madrigal une très-médiocre élégie amoureuse; interprété, cemme senti-

---

* « *In particolare egli amò grandemente la marchesana di Pescara,*
« *del cui divino spirito era innamorato ; essendo all' incontro di lei*
« *amato sviscera tamente ; della quale ancor tiene lettere d'onesto e*
« *dolcissimo amore ripiene, e quali di tal petto uscir solevano ; avendo*
« *egli altresì scritto a lei più è più sonetti, pieni d'ingegno e dolce*
« *desiderio* » (Condivi, *Vita di Michel-Agnolo.)*

« Il aima passionnément la marquise de Pescaire, dont l'esprit divin
« l'avait séduit, et ne fut pas moins aimé d'elle. Il conserve encore
« de cette dame des lettres pleines d'un amour aussi chaste que
« tendre, et telles que pouvait seulement les écrire une pareille femme.
« De son côté il lui adressa un grand nombre de sonnets composés
« avec autant d'esprit que de passion. »

ment, comme amour du beau dans les arts, il donne soudain à ce morceau un caractère d'autant plus remarquable, que c'est Michel-Ange qui parle, et qui va révéler le mystère de son génie.

Supposons, en effet, qu'un artiste poète dise à sa maîtresse : « Votre beauté m'a été donnée en naissant pour m'é« clairer dans les arts; je la contemple pour m'inspirer, et « c'est une erreur que de supposer autre chose. » Ce sera là, sans contredit, un compliment un peu fade, et je doute fort que la belle à qui pareil éloge serait adressé, en fût le moindrement émue. Si le poète ajoute : « c'est une témérité, une « folie que de chercher dans des objets matériels cette « beauté qui seule peut toucher et ravir un esprit élevé, » il court risque de paraître bien froid à celle qui le lit ou l'écoute. S'il finit enfin par lui déclarer « qu'il n'appartient pas « à des regards infirmes de s'élever des choses humaines « aux choses divines (parmi lesquelles il range sans doute sa « beauté), et que la grace seule peut y conduire, » il tombera infailliblement dans un galimatias aussi peu propre à prouver qu'à inspirer de l'amour.

Mais rendons à une seule expression son véritable sens, celui du moins que nous devons juger le plus digne de la pensée de Michel-Ange; la physionomie de ce petit madrigal change aussitôt, et il devient, comme il doit l'être, un des morceaux les plus saillants de la poésie italienne. Ce n'est plus un amant doucereux, c'est un grand homme, le plus vaste génie, l'Homère des arts du dessin, c'est Michel-Ange qui parle de lui, de son talent, de ses inspirations, de ses œuvres, et qui en parle avec la dignité, la chaleur et l'enthousiasme d'un grand poète. « L'amour du beau me « fut donné en naissant, comme un gage assuré de ma vo« cation. » C'est en effet cet amour pur et inné du beau physique et moral qui distingue les grands génies, et caractérise leurs œuvres; Michel-Ange l'atteste : « Jamais je ne « contemplai la beauté que pour agrandir ma pensée. » Et quelles pensées! Moïse, la Nuit, le Jugement dernier, un pont sur le Bosphore, la Basilique de Saint-Pierre; tel est l'ordre supérieur d'idées dont le sentiment du beau remplissait Michel-Ange. Mais, comme il parle au vulgaire, qui ne connaît la beauté que par ses formes matérielles, et qui ne sait en jouir que par les sens, il s'empresse d'avertir que *s' altr' uom crede è falsa opinione.* « Laissons, « ajoute-t-il, les esprits téméraires et grossiers attribuer « aux seuls objets matériels ce beau qui ravit les esprits « supérieurs jusqu'au ciel, *che porta al cielo ogni in-* « *telletto sano.* » Belle image, magnifique définition du ravissement qu'éprouve l'homme de génie dans ses inspirations; mais il sent tout ce que cette faculté a de divin; il reconnaît qu'il ne la doit ni à ses études ni à ses efforts : l'amour du beau vient du ciel, *dove ascender senza grazia è pensier vano.*

A l'aide de cette interprétation si facile et si claire, ce madrigal se trouve dégagé des insignifiantes fadeurs dont on avait voulu l'envelopper; il en sort brillant de verve et de poésie, riche de toutes les révélations du génie qui lui-même y divulgue le secret de ses inspirations, et il devient inséparable des chefs-d'œuvre dans lesquels Michel-Ange a si bien empreint ce noble sentiment du beau, qu'il a chanté en vers dignes de lui.

1. Che di due arti, etc.

Il ne veut parler ici que des deux arts de la peinture et de la sculpture dans lesquels il acquit effectivement ses premiers titres de gloire; mais ce même sentiment du beau, qui sut animer, sous sa main, et la toile et le marbre, ne se retrouve-t-il pas encore dans le dessin hardi de la coupole de Saint-Pierre et dans ses poésies pleines de verve? Si sa modestie l'empêcha de jamais compter surtout l'art des vers au nombre de ceux qu'il cultivait avec le plus d'honneur; la postérité, qui fait et défait les réputations, lui a décerné aussi la couronne poétique à laquelle il n'osa point aspirer; et, de l'aveu même de ses rivaux en tous genres, il a pleinement justifié l'épigraphe qui accompagne ses attributs :

Quatuor geminis tollit honoribus.

2. M'è lucerna e specchio.

Lucerna. Flambeau ou guide. Un critique italien a blâmé cette expression; un autre l'a défendue avec beaucoup de vivacité. Ce qu'il y a, je crois, de mieux à dire à ce propos, c'est que le Dante l'a employée dans le premier chant de son Paradis, pour désigner le soleil : *lucerna del mondo.*

3. S' altr' uom' crede.

Le mot *uom* ou *uomo* est pris ici dans son acception primitive, et a la signification du pronom indéfini *on*, qui n'est lui-même en français que l'abréviation de *homme*, dont on a fait successivement *hom*, *hon*, et *on*. Cela paraît suffisamment prouvé par la manière dont on écrivait et dont on prononçait ce mot dans le quinzième siècle, où il rimait alors et même plus tard avec *saison* et *prison*.

4. M'apparecchio.

Cette expression est on ne peut pas plus heureuse.

5. *I giudizj che tiran (volgono) al senso la beltà che muove e che porta al cielo ogni intelletto sano, sono temerarj e sciocchi.*

MADRIGAL V.

1 Voi sole sola.

Voi sola che siete il mio sole. Comment l'esprit de Michel-Ange a-t-il pu se complaire dans ces insignifiants jeux de mots ? Il fallait que le goût du faux brillant prédominât singulièrement dans ce siècle, pour qu'un tel homme y ait aussi sacrifié.

2. D'ogni altra spene, e d'ogni desir priva.

Spene, employé pour *speme*, est poétique; il en est de même de *priva*, pour *privata*.

3. . . . . . . Ch'io arda e viva
Non pur di voi.

Il y a ici évidemment une ellipse; car on ne dit point *ardere di voi* ni *vivere di voi* : il faut sous-entendre *nel fuoco*, et construire la phrase de la manière suivante :

L'amor vuol ch'io arda non solo nel fuoco di voi, ch'io viva non solo nell' ammirazione di voi, ma pur di chi voi simiglia, etc.

4. Che 'l ciel non è dove non sete voi.

Quoique de tout temps l'hyperbole ait été la figure la plus familière aux amants, on pourra trouver un peu d'exagération dans ce dernier trait. Deux ou trois taches du même genre suffisent pour déparer un si petit nombre de vers, et l'on conçoit difficilement que M. Biagioli n'ait rien pu trouver, dans Anacréon, d'aussi tendre, d'aussi agréable, d'aussi parfait que ce madrigal. Je ne pense pas être un froid admirateur de Michel-Ange, mais je me tiens en garde contre la passion qui peut aveugler. Si ses poésies sont presque toujours remarquables par une touche mâle et brillante, quelquefois même par une grande délicatesse de style et de pensées, on ne peut nier qu'il ne lui manque en général cette sensibilité gracieuse, cet abandon naïf qui caractérisent si particulièrement le chantre de Théos. Il est certaines renommées littéraires auxquelles il faut prudemment s'abstenir de rien comparer, sous peine de voir rapetisser ce qu'on a voulu agrandir. Quant à moi, je le déclare net : je tiens le seul petit chef-d'œuvre de la *Colombe* pour infiniment supérieur en grace, en délicatesse, en agrément, à tous les madrigaux de Michel-Ange.

MADRIGAL VI.

Voici l'un des morceaux les plus sagement écrits de ce recueil; il n'offre rien qui ne soit parfaitement conforme au goût de tous les pays, comme au génie de toutes les langues : c'est l'expression simple et naturelle de la douleur qu'éprouve le poète au moment de se séparer de ce qu'il aime.

1 Tolto da voi.

Essendo tolto da voi. C'est lui-même qui, cette fois, est forcé de s'éloigner.

2. Al partir.

Ce madrigal, comme le sonnet XX, prouve ce que tous les historiens de Michel-Ange ont dit de son vif attachement pour la marquise de Pescaire. Ils quittaient alternativement tous les deux leur séjour habituel; elle pour venir le voir à Rome, lui pour aller la trouver à Viterbe; et c'est très-probablement à l'une de ces époques qu'il faut rapporter cette pièce, où l'on peut voir plus clairement qu'ailleurs peut-être l'expression véritable d'un amour, dont Buonarotti, dit M. Salfi, a laissé mille preuves dans ses poésies. *

3. *Accompagnaro* et *dimostraro* sont deux contractions de *accompagnarono* et *dimostrarono*.

4. *Se fia ver* pour *avverrà*.

5. *Vi sia in obblio* est une expression charmante qui répond à *sia da voi dimenticata*.

MADRIGAL VII.

1. Amore e Crudeltà.

Le poète, en personnifiant ces deux sentiments, a donné une bien plus grande force d'expression au tableau qu'il nous offre d'un combat élevé entre les bontés et les rigueurs de sa maîtresse. Les unes l'attachent à la vie; les autres lui font désirer la mort; et quand il est près de succomber sous le poids d'une telle lutte, l'image de celle qu'il adore vient soudain ranimer son cœur, et assurer par là le triomphe de l'amour :

Perchè da morte non sia vinto amore.

Avec un peu moins de recherche dans la peinture de ses sentiments, Michel-Ange aurait assurément produit plus d'effet; sachons-lui gré toutefois des beautés qu'il a encore su tirer de cette espèce de poétique que Pétrarque n'inventa pas, car elle appartient aux troubadours ses modèles, mais qu'il mit tellement en honneur par ses immortelles productions, que toute l'Italie se crut forcée, pendant plus de deux siècles, de n'en point suivre d'autre.

2. M'han posto il campo.

Porre il campo, littéralement *livrer combat*.

---

* Cont. de l'hist. lit. d'It. de Ginguené.

3. Armarsi di morte.

Image hardie qui prête une force singulière à ce beau vers :

> L'un s'arma di pietà, l'altra di morte.

4. *Ancide*, pour *uccide* ne s'emploie guères qu'en poésie; on en peut dire autant de *poria*, qui est à la place de *potrebbe*.

5. S'è mossa là dove.

Il y a dans cette phrase une ellipse qu'il faut suppléer ainsi :

> Parecchie volte, ella s'è mossa per andare là dove, etc.

MADRIGAL VIII.

1. .... M'è caro ogni tuo strale.

Si l'on s'en tient à la lettre, il paraît y avoir peu de liaison entre les phrases de ce petit madrigal; mais il est pourtant facile de les faire correspondre au moyen de quelques idées intermédiaires que Michel-Ange a supprimées, suivant la logique du poète, qui n'est pas toujours celle du rhéteur. *M'è caro ogni tuo strale* ne semble pas être rigoureusement la conséquence de *che fra la morte e il male*. Il faut en établir le rapport de la manière suivante : *puisqu'entre les maux que tu causes et la mort, le temps n'accorde pas un seul moment d'intervalle, tous les traits que tu diriges sur moi me sont chers, parce que chacun d'eux semble me promettre, avec la fin de ma vie, le terme de mes maux.* Mais tout cela est un peu trop recherché, et ce n'était pas la peine d'alambiquer des pensées aussi communes.

2. Perchè 'l morire.

Sans détruire la mesure du vers, on pourrait dire *perchè*

morire, mais en faisant de ce verbe un substantif, le poète a donné plus de précision à la pensée, plus de vivacité à l'expression.

3. Ed è minor lo strazio.

Il faut sous-entendre *col morire*, pour la liaison des mots.

4. Della mia morte per trarmi di doglie.

L'ellipse est fréquente dans tout ce morceau ; pour la remplacer ici, l'on dira : *ti ringrazio della mia morte (che tu mi darai) per trarmi di doglie.*

5. Ogni mal sana chi la vita toglie.

C'est la pensée consolatrice de tout homme qui souffre. Le tombeau lui offre un asile assuré contre ses semblables et contre lui-même ; car ses propres passions ne sont pas le moindre ennemi acharné à sa perte ; mais au souffle de la mort tout s'éteint, et l'homme ne peut plus rien sur l'homme.

Mors ultima linea rerum est.
(Hor.)

MADRIGAL IX.

De tout temps, les poètes ont eu le privilége de se mettre en relation avec les êtres imaginaires, de parcourir les régions inconnues, d'interroger le sort, de pénétrer l'avenir, donnant ainsi à leurs idées une origine plus noble, à leurs paroles un ton plus solennel, à leurs enseignements une autorité plus imposante que s'ils n'abandonnaient jamais la terre. Michel-Ange n'a donc fait qu'user de la prérogative commune en établissant un dialogue entre lui et les ames dégagées de leurs liens terrestres. Cette forme de discours lui a d'ailleurs permis d'établir avec plus d'avantage le contraste de l'agitation continuelle de l'homme ici-bas avec l'éternité de repos et de bonheur que goûtent au sein de Dieu les intelligences célestes. Les quatre premiers vers, pleins de cette douce mélancolie qu'exhalent les cœurs tendres, nous montrent le poète accablé sous le poids d'une passion malheureuse, et cherchant hors de ce monde un refuge assuré contre l'amour ; mais ce sentiment est si vif, si puissant, qu'il semble que le trépas même ne puisse l'éteindre.

> Favvi amor forza ancora
> O pur per morte liberi ne sete ?

Voilà le langage d'un mortel plein de trouble, de tristesse et d'incertitude ; voyons quel sera celui de ces esprits bienheureux qui, sans cesse brûlant d'un amour pur, ardent, ineffable, coulent leur éternité dans une intarissable joie :

> La nostra eterna quiete
> Fuor d'ogni tempo è priva
> D'invidia, amando, e d'angosciosi pianti.

Quel calme, quelle harmonie dans ces vers ! et quel style à la fois riche et concis ! Cette peinture de l'amour divin en rappelle une du même genre, qu'on ne sera pas fâché de relire ici. Elle est de Voltaire, qui sut conserver dans tout son étonnante supériorité.

> Amour, en ces climats tout ressent ton empire.
> Ce n'est point cet amour que la mollesse inspire :
> C'est ce flambeau divin, ce feu saint et sacré,
> Ce pur enfant des cieux sur la terre ignoré :
> De lui seul à jamais tous les cœurs se remplissent ;
> Ils désirent sans cesse, et sans cesse ils jouissent.

Et goûtent dans les feux d'une éternelle ardeur
Des plaisirs sans regrets, du repos sans langueur.
(HENR., chant 7.)

Cette définition est admirable, mais Michel-Ange n'a-t-il pas dit en trois vers tout ce qu'il fallait dire?

La comparaison que fait le poète de cet état durable d'un amour tout à la fois vif et tranquille avec celui d'une passion toujours pleine d'amertume et d'inquiétude lui fait sentir cruellement le fardeau de la vie, et, saisi d'effroi à la seule idée de prolonger son pénible voyage ici-bas, il laisse entrevoir une âme profondément ulcérée par les injustices du monde.

Plusieurs vers de ce madrigal, admirablement sentis, décèlent autant le philosophe que le poète.

1. . . . . . Godete
Le lacrime.

C'est comme s'il y avait, *godete il premio delle lacrime.*

2. Che 'l mondo non ristora.

Ristora pour *compensa* : Le monde n'offre point de compensations à l'homme pour les larmes qu'il répand sur cette terre.

3. *Sete* pour *siete* est poétique.

4. Che 'l poco è troppo a chi ben serve e stenta.

Ce vers est non-seulement remarquable par la pensée, mais encore par son tour concis et plein d'énergie. Le mot *stenta* est surtout très-expressif, et la place qu'il occupe semble doubler sa force.

MADRIGAL X.

1. Sotto due belle ciglia.

C'est une espèce de synecdoche; il faut entendre par là *in due begli occhi*.

2. Gli occhi miei vaghi d'ogni maraviglia.

Ce vers rappelle ce que dit *Ascanio Condivi* de l'amour passionné de Michel Ange pour tout ce qu'il y avait de beau dans la nature. Ce sentiment, poussé peut-être à l'excès, le fit soupçonner d'un goût dépravé, dont l'austérité connue de ses mœurs doit cependant faire rejeter avec indignation l'injurieuse pensée. Il aimait, au rapport de son historien, un beau cheval autant qu'un bel homme, une belle plaine comme une belle forêt; mais quant à l'amour proprement dit, il n'en parlait et n'en raisonnait jamais autrement que Platon.*

3. Di lor fan prova.

Far prova, esperimentare, tenter quelque chose.
Cette expression marque les efforts qu'il fait pour soutenir l'éclat de deux beaux yeux sans en être ébloui, sans céder à leurs charmes. *Di loro* se rapporte à *sue forze (le quali amor ripiglia)*.

4. Appresso al dolce un pensiero aspro e forte.

L'adjectif *dolce* se lie comme les deux autres *aspro* et *forte*, au substantif *pensiero*.

5. Nè perde amor, etc.

C'est-à-dire, *amor non perde punto di sua forza, benchè*

---

* Non ragionava e discorreva sopra l'amore altrimenti che appresso di Platone scritto si legge. (Asc. CONDIVI, vita di M.-A.)

le pene ed i danni siano maggiori perchè un sol dì non vince l'uso di molti anni.

C'est la même pensée exprimée différemment par Pétrarque :

> Altri cangia il pelo anzi che 'l vezzo.

Et par l'Arioste :

> Natura inchina al male e viene a farsi
> L'abito poi difficile a mutarsi.

On ne peut disconvenir qu'il n'y ait de la facilité et de la grace dans ce madrigal. Le poète cherche à y exprimer ce sentiment mêlé de force et de faiblesse que peut éprouver l'homme qui n'est plus dans l'âge des passions, mais dont le cœur a été plus d'une fois sensible aux charmes de la beauté. Les facultés de l'ame, comme celles de l'esprit, sont d'autant plus faciles à réveiller, qu'elles ont déjà été plus exercées, et, qui a aimé peut aimer encore. L'amour se joue de l'expérience et de la raison, surtout chez ceux qui, comme Michel-Ange, conservent sous leurs cheveux blanchis, une imagination vive et ardente : ils sont exposés à répéter avec le poète latin :

> Differtur, nunquam tollitur ullus amor *.
> (PROPERCE.)

MADRIGAL XI.

1. Che la sento ognora.

Il y a dans ce premier membre de phrase une transposition de mots qui pourrait arrêter ceux que l'étude n'a pas

---

* La paix qu'on fait avec l'amour n'est jamais qu'une trêve.

encore familiarisés avec les poètes italiens : en voici l'ordre rétabli : *il tuo volto divino non è senza periglio per l'alma di colui ch'è vicino a morte come io sono*, etc.

2. Per far da quel difesa.

Da quel se rapporte à *volto divino*, qui est dans le second vers.

3. *Da presso* est employé pour *vicino*.

4. Dolce fontana di mie amare doglie.

Ce n'est pas ici une de ces antithèses dont l'étrange abus a rendu la lecture de beaucoup de poésies italiennes presque insupportable; elle est pleine de grace, et les mots *dolce* et *amare* ajoutent à la pensée du poète, parce qu'effectivement toutes les amertumes de l'amour découlent d'une source pleine de douceur.

MADRIGAL XII.

1. Ond' io fui vago.

Onde pour *del quale*. Le mot *vago* est très-expressif, et j'ai cru pouvoir le rendre par *idolâtre*.

2. Come avrei volentier di luce spento
   lo sguardo !

Ce tour est éminemment poétique. On a déjà pu remarquer qu'un des principaux mérites de Michel-Ange est dans la diction, et que souvent son style est à la hauteur de celui des grands maîtres. Si l'on compare en effet ce madrigal avec un sonnet de Pétrarque qui lui ressemble à certains égards, on pourra se convaincre que l'artiste n'est pas resté au-dessous du poète.

> S'io credessi per morte essere scarco
> Del pensier amoroso che m'atterra,
> Con le mie mani avrei già posto in terra
> Queste membra noiose, e quello incarco, etc.
>
> (PETRARCA, sonetto XXIX.)

3. Colpa del folle giovenil errore.

Il faut rétablir, pour l'exactitude grammaticale, la préposition *per* devant le mot *colpa*. Je ferai observer, en passant, combien ce vers est heureux.

4. Non accusi da sera il suo disdetto.

Ici les plaintes de l'amant font place aux réflexions du sage : que sert de pleurer, quand on est vieux, des fautes qu'on aurait dû éviter dans la jeunesse? Reconnaître le mal n'est rien ; le prévenir est l'essentiel ; et pour donner plus de poids à ses avis, le poète parle de sa longue et cruelle expérience.

> Me dolor, et lacrimæ meritò fecere peritum [*].
> PROP. liv. I, Élég. 9.

Da sera est employé pour *tardi, nella vecchiezza; il suo disdetto* pour *la sua rea fortuna*.

MADRIGAL XIII.

1. Non pur la morte, ma il timor di quella, etc.

Le préservatif qu'indique ici Michel-Ange contre les pro-

---

[*] Mon expérience est le fruit de la douleur et des larmes.

grès de l'amour, était peut-être infaillible pour lui, et nous devons l'en croire sur parole; mais ne peut-on pas, sans trop de témérité, révoquer en doute l'efficacité générale d'un semblable remède? M. Biagioli, à propos de ce madrigal, rapporte que le Titien a exprimé la même pensée dans un tableau représentant un jeune homme qui regarde une belle femme, et lui montre du doigt une tête de mort. Cette allégorie est sans doute fort ingénieuse; je veux même qu'elle soit interprétée d'après la pensée de Michel-Ange; mais un précepte n'est pas un moyen, et ce qui est bon en théorie ne l'est pas toujours en pratique. Accorder à l'homme véritablement amoureux le privilége de se vaincre lui-même, c'est supposer la force où elle manque, la sagesse où elle n'est plus; c'est presque supposer l'impossible. Que la pensée de la mort germe dans une ame tranquille et accoutumée aux choses sérieuses, rien de plus naturel, quoiqu'assez rare; mais dans celle qui est livrée aux agitations de l'amour, elle sera stérile; car il faut plus de raison qu'on ne pense pour profiter des leçons du trépas; et comme l'a dit le poète même des tombeaux : « La mort est partout, excepté dans la pensée de l'homme *. »

2. Il fuoco in ch'io son corso.

In ch'io son corso est une expression aussi énergique qu'originale.

3. Che dove è morte non s'appressa amore.

Ce que ce madrigal prouve pardessus tout, c'est, comme l'a fort bien remarqué M. Salfi, que la mort fut la pensée do-

---

* Young, Nuits.

minante de Michel-Ange, et que sans doute elle n'eut pas moins d'influence sur son caractère que sur ses compositions et son coloris*.

MADRIGAL XIV.

On essaierait vainement de faire comprendre à ceux qui n'entendent point l'italien, tout le charme qui est répandu dans l'original. Michel-Ange semble avoir emprunté, dans cette pièce, non-seulement le langage, mais encore l'ame du chantre harmonieux de Laure. Tous les mots sont choisis, tous les vers ont une coupe admirablement assortie à la nature du sentiment qu'ils expriment. On y trouve un mélange heureux de pensées exprimées avec grace ou avec énergie :

> Il tempo passa e l' ora s'avvicina
> Ch' agli sguardi e al pianto il passo serra.
> Pietà dolce di voi vi tenga aperti.

Comme la nuance de l'expression suit celle de la pensée! Combien ce dernier vers a plus de douceur encore après les deux premiers remplis de force et de concision! Ce petit madrigal respire un parfum de mélancolie qui le rend véritablement exquis. Mais, comme le dit fort bien M. Biagioli : c'est un de ces morceaux précieux qu'il ne faut lire que dans la langue même où ils ont été créés; hors de là ils perdent la moitié de leur charme.

1. *Ch'agli sguardi e al pianto il passo serra.*

Cette image ne saurait passer en Français; on en a substitué une plus analogue au génie de notre langue.

---

* Cont. de l'hist. lit. d'It. de Ginguené, tome x.

2. Per le bellezze accorre uniche e sole.

Accorre pour *accogliere*. Cet adjectif *sole*, qui ne sert absolument qu'à la rime, est peut-être la seule tache qu'on puisse relever dans cette pièce de poésie, qui, sous le double rapport du sentiment et de la perfection du style, peut être mise, sans hésitation, à côté de la deuxième ballade de Pétrarque, dont le sujet est à peu près le même :

> Occhi miei lassi, mentre ch'io vi giro
> Nel bel viso di quella che v'ha morti.

MADRIGAL XV.

1. Nel freddo tempo dell' età men verde.

Ce n'est plus la force de l'âge, et ce n'est point encore la vieillesse. J'ai tâché de conserver, dans la traduction, à peu près la même image que dans le texte. Ce vers est du reste copié presque mot à mot de Pétrarque :

> Quel fuoco ch'io pensai che fosse spento
> Dal freddo tempo e dall' età men fresca.
> (BALLATA V, part. prim.)

2. E mi saetta ognor.

Cette expression est heureuse; elle exprime tout à la fois les coups violents et redoublés que l'amour lui porte.

3. . . . Ch'ei si rammenta
Che'n gentil cor giammai colpo non perde.

« Sachant que dans un cœur bien né, nul de ses coups ne
« porte en vain. »

Cette pensée qui, chez les anciens poètes italiens, se trouve reproduite sous toutes les formes imaginables, semble indiquer qu'on regardait alors l'amour comme inhérent à la noblesse du cœur. Le Dante le dit expressément dans une de ses *Canzoni* :

> Amore e cor gentil sono una cosa. *

Et qui n'a relu vingt fois, dans le même poète, le touchant récit des malheurs de *Francesca da Rimini*, qui commence par ce vers :

> Amor, ch' al cor gentil ratto s'apprende. **

Ne serait-ce pas que ce sentiment avait à cette époque quelque chose de plus chaste et de plus délicat que de nos jours? Et, sans parler du respect et de la constance un peu romanesque des anciens preux, les mœurs chevaleresques n'avaient-elles pas fait de l'amour une qualité morale et presque une vertu?

Je crois devoir ajouter ici une autre citation plus longue mais non moins concluante que celles qui précèdent. Elle sera d'ailleurs intéressante par sa date et par le nom de son auteur, *Guido Guinicelli*, qui, selon l'opinion généralement établie, partagea avec *Brunetto Latini* l'honneur d'avoir été le maître du Dante. Ce poète, né à Bologne dans le commencement du treizième siècle, fut le premier à donner à la langue italienne plus d'élégance et de correction, et au style poétique plus de noblesse et de force.

---

* L'amour et un cœur noble ne font qu'un.
** L'amour qui, dans un cœur noble, s'allume rapidement.

CANZONE*

IN LODE DI AMORE.

Al cor gentil ripara sempre Amore
Siccome augello in selva a la verdura:
Non fè Amore anzi che gentil core,
Nè gentil core, anzi ch' Amor, Natura:
Ch' adesso com' fu 'l sole,
Sì tosto lo splendore fue lucente;
Nè fue davanti al sole:
E prende Amore in gentilezza loco
Così propriamente
Com' il calore in clarità del foco.

Foco d'Amore in gentil cor s'apprende,
Come vertute in pietra preziosa,
Che da la stella valor non discende,
Anzi che 'l sol la faccia gentil cosa;
Poichè n' ha tratto fuore
Per la sua forza il sol ciò che gli è vile,
La stella i dà valore:
Così lo cor, che fatto è da Natura
Alsetto, pur, gentile,
Donna a guisa di stella lo innamora.

Amor per tal ragion sta in cor gentile,
Per qual lo foco in cima del doppiero,
Splende a lo suo diletto, clar, sottile;
Non gli staria altra guisa, tanto è fiero.
Però prava Natura
Incontr' a Amor fa come l' acqua al fuoco,
Caldo per la freddura.
Amor in gentil cor prende rivera
Però ch' è simil luoco
Come adamas del ferro in la minera.

---

* Je ne saurais offrir au lecteur une traduction plus exacte de ces stro-

Cette *canzone*, dont je n'ai rapporté que les trois premières strophes, est le meilleur morceau de poésie qui soit resté de *Guido Guinicelli*: elle est fort répandue en Italie, et très-estimée par les littérateurs de cette nation, qui la considèrent comme un monument précieux de la naissance de leur bel idiome.

4. Per un bel volto.

C'est-à-dire, *per mezzo d'un bel volto*.

5. Or peggio è al sezzo strale
La ripercossa, etc.

Peggio, syncope de *peggiore*, qui sert pour les deux genres. Le Dante a dit:

sì fatta pena
Che, s'altra è maggio, nulla è sì spiacente.

---

phes que celle qu'en a faite Ginguené, et qu'il a consignée dans son histoire d'Italie, tom. Ier.

« C'est toujours dans un noble cœur que se réfugie l'amour, comme
« dans une forêt un oiseau se réfugie sous la verdure. La nature ne créa
« point l'amour avant un cœur noble, ni de cœur noble avant l'amour;
« c'est ainsi qu'aussitôt que le soleil exista, aussitôt resplendit la lumière,
« et qu'elle ne fut point avant le soleil; l'amour prend naissance dans
« la noblesse du cœur, précisément comme la chaleur dans la clarté
« du feu.

« Le feu d'amour naît dans un noble cœur, comme la vertu cachée
« dans une pierre précieuse; cette vertu ne descend point des étoiles
« avant que le soleil ait ennobli la pierre qui doit la recevoir. Après qu'il
« en a tiré par la force de ses rayons ce qui était vil, les étoiles lui com-
« muniquent leur vertu; ainsi quand la nature a rendu un cœur délicat,
« noble et pur, la femme, comme une étoile, lui communique l'amour.

« L'amour est placé dans un cœur noble comme la flamme au sommet du
« flambeau; il brille, pour ce qu'il aime, d'un feu clair et délicat; il ne
« pourrait se placer autrement, tant il a de fierté. Une nature rebelle ne
« peut rien contre l'amour, pas plus que l'eau contre le feu, que le froid
« rend plus ardent. L'amour fait son séjour dans un cœur noble, parce que
ce lieu est de même nature que lui, comme le diamant dans une mine.

Sezzo pour *ultimo.* Ce mot est employé le plus souvent comme adverbe :

Che 'l pentirsi da sezzo nulla giova.

Je ferai remarquer en passant que ce vers, tiré des *Stanze amorose* de Bembo, a été répété mot à mot par le Tasse dans son Aminte, (acte Ier.)

MADRIGAL XVI.

1. Amor, se tu se' dio
. . . .
Scioglimi, deh, dell'alma, i lacci tuoi.

« Si l'amour est un dieu, s'il peut tout, comme on le dit,
« pourquoi ne le prouve-t-il pas en m'affranchissant du joug
« qui m'opprime, en éteignant dans mon sein le feu qui le
« dévore ? » Ce raisonnement-là est bien d'un amant, car il est faux d'un bout à l'autre : l'amour prouve bien mieux sa puissance en résistant, depuis nombre d'années, aux efforts réunis de la raison et de la piété, qu'il ne le ferait en donnant au poète une liberté dont celui-ci se vanterait bientôt comme d'une victoire ; mais la réflexion suivante est d'un sage :

Sconviensi al grand desio
D'alta beltà la speme
Negli ultimi anni al tempo del partire.

Corneille a exprimé la même pensée :

Il n'est plus temps d'aimer alors qu'il faut mourir.

Et Tibulle, avec un peu plus d'extension :

Jam veniet tenebris mors adoperta caput;

Jam subrepet iners ætas, nec amare decebit,
Dicere nec cano blanditias capite.
(Lib. I. Eleg. II)

A travers le ton chagrin qui règne dans ce madrigal, le poëte laisse deviner sa pensée : c'est moins d'être amoureux que de ne pouvoir plus l'être long-temps qu'il se désole, et ses derniers accents expriment un regret bien naturel chez celui qui conserva un cœur brûlant sous les glaces de l'âge :

Che, se breve è 'l piacer, doppia il martire :
Non può pace portar tardo gioire.

MADRIGAL XVII.

1. Quantunque il tempo ne costringa, etc.

Michel-Ange a reproduit souvent cette idée, et sous diverses formes; mais il ne l'a peut-être rendue nulle part avec plus de talent qu'ici. Les images qui se succèdent sans confusion dans cette longue période sont pleines de force dans leur simplicité, et le style y est toujours poétiquement approprié à la pensée. Dans ces deux vers, par exemple,

rendere alla terra
Le membra afflitte, stanche e peregrine

le poëte me semble avoir exprimé avec bonheur l'instabilité, la tristesse, et le néant de la vie. L'on retrouvera, je pense, le même charme d'expression dans ceux-ci,

Nè par che mi perdoni,
Benchè l'ore di morte
Mi sian tanto vicine
E sì dubbiose. . . .

qui semblent une imitation de Properce :

> At vos incertam, mortales, funeris horam,
> (Lib. II, Eleg. XXIX.

2. Non ha per ancor fine
Chi nuoce all' alma.

Chi est employé pour *colui che*, c'est-à-dire l'amour.

3. Nel final decreto.

C'est une syllepse : l'adjectif *final* doit figurer ici plutôt avec l'idée qu'avec le mot *decreto,* auquel il se rapporte ; c'est comme s'il y avait : *il decreto che prescrive il fine.* C'est dans le même sens qu'Alfieri a dit :

> Sì questo
> Giorno è finale; a noi l'estremo è questo.
> (Saul, att. 1.)

4. O dura mia più ch'altra crudel sorte!

Cette exclamation, dont la singulière énergie dépend presque entièrement de la place que les mots occupent les uns par rapport aux autres, ne pouvait passer dans notre langue sans perdre de sa force.

5. Ch'un cuor che arde, ed arse già molti anni,
Torna, sebben l'ammorza la ragione,
Non più già cuor, ma cenere e carbone.

Que cette fin est peu digne de ce qui précède! quel mauvais goût! quelle pensée fausse et puérile dans l'image d'un cœur qui, après avoir brûlé d'un ardent amour pendant plusieurs années, n'est plus qu'un charbon ou un peu de cendres! Il y a bien loin d'une pareille idée aux conceptions sublimes qui ont immortalisé Michel-Ange. Comme la traduction du dernier vers surtout eût infailliblement paru triviale et ridicule, j'ai tâché d'y substituer quelque chose d'analogue en français.

MADRIGAL XVIII.

1 Tanto alla speme mia di se promette
Donna pietosa, etc.

Les formes elliptiques qu'emploie fréquemment Michel-Ange, rendent parfois son style un peu obscur, et demandent un guide pour ceux qui ne sont pas très-exercés dans la lecture des poètes.

Tanto, sous-entendu *premio*.

Di se, c'est-à-dire, *col pietoso sguardo di se* ou *suo*.

Per tempo, pour *nella gioventù*.

Or vecchio à la place de *or che son vecchio*.

2. Morte invidiosa e fella.

Pétrarque a dit quelque part : *morte ebbe invidia* ; mais il n'a exprimé par là qu'une circonstance, tandis que Michel-Ange a désigné par l'épithète *invidiosa* une qualité inhérente à la mort ; elle est jalouse, comme elle est cruelle, toujours. Cette expression est fort belle, et caractérise parfaitement la mort, qui voudrait l'homme tout entier. Horace avait déja dit : *invida ætas*, le temps au lieu de la mort.

3. Quel picciol tempo.

La préposition *per* est sous-entendue : *per quel picciol tempo*.

4. Dal mortal ghiaccio è spento il dolce ardore.

Antithèse insipide et commune que les poètes de cette époque ont employée si fréquemment, qu'il ne faut guères la considérer que comme une simple formule.

MADRIGAL XIX.

1. Se per mordace di molti anni lima.

La construction de ce vers paraît forcée; mais M. Biagioli, plus compétent que nous en semblable matière, prétend qu'elle ne fait qu'ajouter de la force à l'expression, sans rien ôter ni à l'élégance ni à la correction du langage. Nous n'avons rien à dire, après cette décision.

Pour l'entente plus facile du sens, voici toutefois l'ordre des mots rétabli :

Se per l'effetto di mordace lima di molti anni, tua antica spoglia discresce e manca ognor, anima inferma, quando sarà che il tempo ti scioglia di quella ? (della tua antica spoglia.)

2. Cangiar non posso il mio tristo antic' uso.

Cette vieille habitude n'était autre chose que l'amour; mais, pour l'honneur même de Michel-Ange, on doit croire qu'il ne fut pas aussi long-temps esclave de cette passion qu'il a bien voulu le dire. Il est plus convenable de supposer, qu'en sa qualité de poète, il a souvent exagéré la peinture de ses sentiments.

3. Io porto invidia a' morti.

Les imitateurs de Pétrarque croyaient ne pouvoir rien

faire de mieux que d'emprunter à ce grand poète ses expressions, et même, au besoin, ses pensées. L'amant de Laure, dans son désespoir, avait effectivement déja dit :

> Io porto alcuna volta
> Invidia a quei che son su l' altra riva.

Mais, empressons-nous d'ajouter, pour qu'on ne comprenne point Michel-Ange dans le *Servum pecus*, que, presque toujours, quand il fait un emprunt à Pétrarque ou à Dante, il sait se l'approprier par le cachet original qu'il y imprime, et que souvent l'on pourrait trouver, dans ses poésies, l'occasion de dire avec Horace :

> . . . . Notum si callida verbum
> Reddiderit junctura novum.*
> (DE ARTE POET.)

4. Sì di se meco l'alma trema e teme.

Je n'ai pas rendu *meco* en Français, parce qu'il me semble donner à ce vers un sens peu conforme à la nature de notre être, divisé en partie intellectuelle qui pense et veut, et partie matérielle qui obéit et agit. Le mot *meco* indiquerait qu'outre l'ame, il y a dans notre poète une autre portion de son être susceptible de crainte, d'appréhension, d'effroi, ce qui est absolument faux.

MADRIGAL XX.

1. Ora d' un ghiaccio, or d' un ardente fuoco
. . . . gravato.

Remarquons que l'expression *gravato* n'est pas juste; des

---

*Un mot déja connu, s'il est bien employé, a tout le mérite de la nouveauté.

maux peuvent bien être considérés figurément comme un poids; c'est même une métaphore devenue familière; mais on ne saurait être accablé ni sous un *froid*, ni sous un *feu*; le poète s'est donc servi d'un terme impropre.

2. E sempre de' miei danni il cuor gravato.

Je suis tenté de croire, malgré l'autorité d'un savant grammairien (M. Biagioli), que *gravato* ne se rapporte pas au substantif *cuore*, et que c'est ici un tour emprunté aux latins qui en fournissent de fréquents exemples, entre autres ceux-ci, tirés de l'Énéide :

>Perfusus sanie vittas atroque veneno.
>(Lib. II.)

>Unum exuta pedem vinclis.
>(Lib. IV.)

A mon avis, la construction du vers italien serait donc : *Io gravato de' miei danni riguardo al cuore*, expression qui a plus de force que le *cœur abattu*, parce qu'elle peint l'accablement répandu sur toute la personne, et venant du cœur. L'exactitude grammaticale semblerait du reste exiger *da'* au lieu de *de'*; mais cette apparente irrégularité s'explique fort naturellement par l'ellipse des mots *dal peso*.

3. E 'l ben per durar poco.

Per est employé souvent en pareil cas à la place de *perchè* avec l'indicatif; nous disons de même en français, il est puni *pour* avoir trop parlé au lieu de *parce qu'il* a trop parlé.

4. Alla buona, alla ria fortuna insieme
   Stanco egualmente.

Il aurait été plus exact de dire *della buona*, *della ria*;

mais la mesure du vers ne le permettait pas, et d'ailleurs, *alla* est peut-être préférable en ce qu'il désigne avec plus de précision le mot *fortuna*, comme le terme vers lequel se dirige toute la pensée du poète.

> 5. E veggio ben che della vita sono
> Ventura e grazia l'ore brevi e corte.

La construction de ces deux vers a quelque chose d'insolite : on ne sait à quoi rattacher les deux mots *ventura e grazia*, qui ne sont en apparence ni régissants ni régis. Je ne me rappelle pas d'avoir vu nulle part un exemple analogue, mais il est susceptible, je crois, de l'explication donnée plus haut à l'occasion du participe *gravato*. L'on construirait alors la phrase de la manière suivante : *veggio ben che le ore della vita sono brevi e corte riguardo alla ventura e alla grazia.* En effet, le poète ne veut pas dire absolument que les heures de la vie sont courtes, mais qu'elles le sont eu égard au peu de bonheur dont on y jouit.

MADRIGAL XXI.

> 1. . . . . . Io son tradito
> Da' miei giorni fugaci.

Fugaces labuntur anni.
(Hor.)

Le cours rapide du temps et les regrets qu'il traîne à sa suite, tel est le fond de cette petite pièce consacrée, comme la plupart des madrigaux de notre poète, à l'expression des pensées qui lui étaient le plus familières. L'éloignement du monde dans lequel il vivait favorisait son goût pour la méditation, et tout à la fois éclairé par l'étude, et désabusé par une longue expérience, combien dut lui paraître frivole en effet tout emploi de temps qui n'avait pas pour objet la sagesse! Le Dante, son maître en poésie, avait déjà dit : « Presque toutes nos peines dérivent de l'ignorance où nous « sommes du véritable emploi du temps. » *

2. Ahi! che chi folle nel desir s'affanna.

Comment rendre en français toute la force de cette expression *affannarsi nel desir?* Elle suffit à donner ici du relief à la pensée la plus simple.

3. Non s'accorgendo del tempo fuggito.

De ce temps qui fuit en nous dérobant chaque jour quelque chose, comme le dit Horace.**

Le verbe *accorgersi* veut la préposition *a*. Pour remplir l'ellipse, on construira la phrase ainsi : *non s'accorgendo alla perdita del tempo fuggito.*

4. Inutilmente pianti e sospir verso.

On verse bien des larmes, mais verser des soupirs est une mauvaise locution, même en italien.

5. Che non è danno pari al tempo perso.

Cette pensée, que l'on retrouve dans presque tous les poètes philosophes, a été rendue avec assez de force et de

---

* Tutte le nostre brighe procedono quasi dal non conoscere l'uso del tempo. (Convito.)

** Singula de nobis anni prædantur euntes.
(Lib. II, Epist. II.)

bonheur par Young, quand il a dit : « Songez que perdre du « temps, c'est perdre plus que du sang. » Mais où pourrait-on la voir exprimée avec plus d'originalité, d'énergie, de profondeur et de concision que dans cet admirable vers du plus grand poète italien :

> Pensa che questo dì mai non raggiorna.
> (DANTE.)

MADRIGAL XXII.

1. Ohimè! ohimè!

Cette exclamation annonce encore des regrets et des plaintes, et, comme dans le précédent madrigal, c'est la perte du temps qui en fait le sujet. Le poète s'afflige au souvenir de tant de jours livrés à l'ambition, à l'amour, aux désirs, à l'espérance qui meurt et renaît sans cesse, enfin à tous les sentiments qui se disputent le cœur de l'homme. Mais, au moment où il reconnaît son erreur, alors qu'il lui serait permis de marcher guidé par l'expérience dans une route plus sûre, la mort vient lui montrer le terme prochain de sa carrière. Ce cadre est très-philosophique : il renferme à la fois la vanité de nos plaisirs et celle de notre sagesse toujours lente, toujours tardive.

Michel-Ange, méditant par goût autant que par devoir les vérités de la morale et de la religion, et s'abandonnant aux mouvements habituels de son ame, dut nécessairement se répéter; il le fit en effet presque aussi souvent qu'il ressentit la même impression, sans s'embarrasser du jugement de ses lecteurs, car ce n'était pas pour eux qu'il écrivait; et cependant avec quelle nouveauté de tour et d'expression ce génie mâle et flexible tournant dans le même cercle d'idées, sut traiter des sujets qui paraissaient devoir être épuisés! Chez lui, les beautés de la poésie brillent presque toujours à côté des lumières de la raison, et l'on ne sait parfois qu'admirer le plus, dans ses vers, du poète ou du philosophe.

2. Ch'affetto alcun mortal non m'è più nuovo.

C'est parce qu'il les avait tous éprouvés, qu'il était désabusé de tous, et qu'il cherchait à reposer son cœur dans le sein de Dieu, en qui seul il trouva cette félicité pure dont les affections terrestres n'offrent que l'image trompeuse.

3. A mano a mano.

Peu à peu, successivement. Cette expression italienne est charmante dans sa simplicité.

4. Crescemi ognor più l'ombra e'l sol vien manco
E son presso a cadere, infermo e stanco.

Comparant, comme le Psalmiste, la brièveté de la vie à la rapidité d'un seul jour.

Labente jam solis rotâ inclinat in nocte dies, sic vita supremam cito festinat ad metam gradu.

« Le soleil est sur le penchant de sa carrière, la nuit va
« remplacer le jour : c'est ainsi que notre vie marche d'un pas
« précipité vers son terme. »

MADRIGAL XXIII.

1. Io vo, misero, ohimè! nè so ben dove.

Ce vers aurait peut-être fourni à un autre commentateur quelques réflexions sur les sentiments religieux de Michel-

Ange; pour moi, j'ai cru ne pas devoir chercher dans ses écrits plus de choses qu'il n'en a voulu découvrir lui-même à l'entendement le plus ordinaire, me réservant de faire connaître à propos d'un autre madrigal qui m'en offrira plus naturellement l'occasion, quelle est ma façon de penser sur les doutes supposés de ce grand homme, et je n'ai considéré celui-ci que sous le point de vue philosophique qu'il présente. L'homme, dans la vieillesse, c'est-à-dire au temps obligé de la réflexion, cruellement incertain sur son avenir, et préoccupé du passé, ne vit que hors du présent, seul moment qui pourrait lui être encore profitable. L'emploi toujours futile, quand il n'est pas criminel, d'une vie si rapidement écoulée, en lui offrant dans chaque souvenir un nouveau motif de crainte ou de regret, vient encore augmenter pour lui ce tourment de l'incertitude. Tel est le sujet de cette pièce; elle rappelle, par le fond, une belle strophe de Thomas, qu'on ne trouvera peut-être pas déplacée dans cette note.

> Irrévocables jours, passé que je regrette,
> Jours qu'on ne peut hâter, trop douteux avenir,
> Vous n'offrez, pour tout bien, à mon ame inquiète
> Qu'un espoir incertain, qu'un triste souvenir.
> Le présent n'est qu'une onde et rapide et traîtresse;
> Peut-être, hélas! le flot dont je suis la vitesse
> Va-t-il, en se brisant, enfanter mon trépas!
> L'instant seul où je suis est le temps de ma vie;
>   Et ce temps, je le sacrifie
>   A l'instant où je ne suis pas.

2. Aspro temo 'l viaggio, e 'l tempo andato.

L'homme étant représenté ici-bas sous l'image d'un voyageur, le passé doit être pour lui la route parcourue;

l'avenir, le reste du trajet. C'est dans ce sens figuré que Pétrarque, chez qui l'on retrouve toutes les images les plus poétiques, a dit :

> Il tempo passa, e l'ore son sì pronte
> A fornir il viaggio.
> (Canz. IV.)

> E trema 'l mondo quando si rimembra
> Del tempo andato.
> (Canz. VI.)

3. L'ora m'appressa.

C'est-à-dire, *l'ora di morte*.

4. La morte e l'alma insieme fan gran prove.

Far gran prove. Combattre avec acharnement. Notre poète affectionnait singulièrement cette image qu'il a répétée en plusieurs endroits.

5. Voglialo il cielo e il proprio amor ch'io sia.

Il ne s'agit point ici de l'amour-propre, mais de l'amour qu'on a pour son propre bonheur, *amor del bene proprio*. *Ch'io sia* se rapporte au mot *errato* qui est dans le vers précédent; c'est comme s'il y avait : *Voglia il cielo ch'io sia errato*.

6 Nel mal inteso e mal usato vero.

Vero pour *verità*. La vérité qui, mal comprise et mal pratiquée, n'est autre chose que l'erreur même.

MADRIGAL XXIV.

1. Mentre che il mio tempo passato, il quale io schivo indarno, m'è presente, ed ognor mi viene innanzi, conosco bene, o mondo falso, l'errore e 'l danno dell' umana gente.

Ce madrigal est assurément l'un des morceaux les plus remarquables de ce recueil; le style en est aussi sage que la pensée, sans jamais cesser toutefois d'être brillant et poétique; et l'auteur n'a su nulle part ménager les transitions avec plus de naturel et d'adresse. Parvenu à cette époque de la vie où le goût du recueillement et du silence succède bien souvent à celui des plaisirs tumultueux et des dissipations frivoles; où l'on semble se rapprocher du ciel à mesure qu'on s'éloigne du monde, il veut chasser loin de lui le souvenir importun de ces jours consacrés tout entiers à de trop vains désirs; mais ses efforts sont impuissants : le passé vient toujours s'offrir à sa mémoire.

Memor ante actos semper dolor admonet annos.
TIBULLE.

2. O mondo falso . . . . . .
. . . .
    Vedel chi ben pon mente
    Come spesso prometti
    Altrui la pace, e il ben che tu non hai.

Lo vede colui che vi pone ben la mente.

Ces vers et ceux qui suivent, pleins de force et de vérité, nous montrent que Michel-Ange n'avait pas su moins profiter des leçons des grands maîtres, pour la poésie, que de celles du temps et de l'expérience, pour la sagesse. En composant ce madrigal, il avait sans doute présent à la mémoire ce passage de Pétrarque :

> Misero mondo, instabile e protervo,
> Del tutto è cieco chi 'n te pon sua speme.
> (Son. 51. part. 2.)

MADRIGAL XXV.

1. Condotto da molti anni all' ultim' ore
Tardi conosco, mondo, i tuoi contenti :
La quiete onde sei privo altrui presenti,
E quel riposo ch' anzi al nascer muore.

Ce n'est guères en effet que sur le seuil du tombeau que se découvrent aux yeux de l'homme tous les égarements de sa raison, toutes les faiblesses de son cœur, toute la fausseté de ses vertus, toute l'ostentation de ses sentiments, tout le néant de sa gloire. « Entouré alors de ses fautes, « comme dit Zimmermann*, l'homme voit clairement que « toutes lui viennent de ne pas avoir assez fui les piéges du « monde, de ne pas avoir veillé avec soin à la garde de « son cœur, au milieu des écueils de la vie. »

Ces quatre vers sont fort remarquables : le premier par une image éminemment poétique ; le dernier par une pensée aussi fine qu'heureusement exprimée ; tous par leur excellente facture.

---

* La Solitude.

2. Mentre nel suo desio par che s'avvivi,
   L'anima ancide e nulla al corpo giova.

« Donner la mort à son ame, sans avantage pour son « corps, » est sans contredit une bien froide traduction de ce dernier vers si énergique en italien ; mais, je le demande au plus habile, comment rendre en français, avec quelque noblesse et avec exactitude, cette désespérante concision de *nulla al corpo giova?*

3. . . . Quei per sua salute ha miglior sorte
   Ch' ebbe nascendo più presta la morte.

C'est là, ce me semble, une pensée peu digne d'un philosophe. Si la vie est un combat, il doit être beau d'en sortir victorieux : pourquoi donc souhaiter, comme un lâche, de ne point arriver sur le champ de bataille ? Michel-Ange est bien plus sage à mes yeux, quand, à propos de la naissance d'un de ses petits-neveux, il écrit à Georges Vasari, son ami : « Mon cher Georges, j'ai pris un très-grand plaisir « à lire votre lettre, ayant vu que vous vous souveniez en- « core d'un pauvre vieillard tel que moi. Vous avez assisté, « dites-vous, à la fête qu'on a cru devoir faire pour la nais- « sance d'un autre *Buonarroti;* je vous rends graces de ces « détails autant que je sais et que je puis le faire; mais une « telle pompe me déplaît; mon neveu n'aurait pas dû faire « ces réjouissances : ce n'est point pour un enfant qui vient « de naître qu'il faut tant d'allégresse, mais seulement pour « la mort de l'homme qui a bien vécu. »

M. A.

MADRIGAL XXVI.

« La marquise de Pescaire mourut à Rome en 1547, non
« sans avoir fait soupçonner qu'elle penchait vers la réforme.
« Michel-Ange, dans des vers adressés à cette femme célè-
« bre, se plaint de l'état flottant de ses sentiments religieux,
« et l'invite à diriger sa conscience. »

Ce passage est tiré de l'histoire de Léon X par Roscoe, et les vers dont il s'agit ne sont autre chose que le madrigal qui fait l'objet de ces notes. L'historien anglais semble n'en avoir fait mention que pour donner à penser que Michel-Ange lui-même était porté vers la même doctrine. Mais c'est une erreur qu'il faut excuser chez un écrivain protestant, qui se montre d'ailleurs presque toujours exempt des préjugés de ses co-religionnaires. Rien n'est moins démontré, d'abord, que ces prétendues dispositions de la marquise de Pescaire pour la réforme; et quant à Michel-Ange, il faudrait n'avoir jamais lu ni ses propres écrits, ni les diverses histoires de sa vie, pour douter le moindrement de l'orthodoxie de ses opinions religieuses. Or, juger des sentiments d'un homme sur une douzaine de vers échappés à sa plume, et dont le sens n'est même pas bien clair, c'est parler avec peu de mesure, pour ne pas dire avec témérité.

Ce madrigal fut effectivement envoyé à la marquise de Pescaire (Vittoria Colonna), dont j'ai déjà eu plusieurs fois occasion de parler*; mais au lieu de prêter gratuitement à Michel-Ange, dans cette pièce, la singulière envie d'être

---

* Voy. pag. 103, 105, 112.

à son âge endoctriné ou converti, pourquoi ne pas y voir seulement un nouvel hommage que ce grand homme rendait à la vertu, aux lumières, à la sagesse de cette femme qui fit l'admiration de son temps par la réunion des qualités les plus rares?

1. Ora su'l destro or su'l sinistro piede

Ce vers offre une image basse et commune, que j'ai voulu rendre en français par un équivalent un peu plus relevé.

2. Variando cerco della mia salute.

Les mots *la via* sont sous-entendus : *Cerco la via della mia salute.*

3. Porgo la carta bianca
   Ai vostri sacri inchiostri.

Ce langage figuré paraîtra nécessairement étrange à tous ceux qui sont peu familiarisés avec la langue italienne : la vérité est qu'il tient encore plus du plat que du bizarre, et c'est ce qui m'a fait traduire ces deux vers avec un peu de liberté.

4. Ove per voi nel mio dubbiar si scriva.

Per voi est employé pour *da voi.*

5. Negli ultimi suoi passi, ond'ella cade.

C'est-à-dire, *per l'effetto del quale ella cade.*

MADRIGAL XXVII.

Le mélange d'humeur et de fierté qui caractérise ce madrigal semble indiquer à peu près l'époque où Michel-Ange le composa : ce fut probablement dans sa vieillesse et lorsque, en butte à l'envie, il n'opposait aux persécutions de ses ennemis que le calme de la vertu ; à leur dénigrement, que de nouveaux chefs-d'œuvre ; à leurs lâches intrigues, que son désintéressement, sa droiture et sa loyauté. Je crois devoir, à ce propos, rapporter la lettre qu'il écrivait, à l'âge de quatre-vingt-six ans, au cardinal de Carpi, qui, prêtant facilement l'oreille à la calomnie, s'était exprimé avec trop peu de mesure sur le compte de ce grand et vénérable artiste.

« M. Dandini m'a dit hier que votre Seigneurie révérendis-
« sime lui avait assuré que la construction de Saint-Pierre ne
« pouvait aller plus mal qu'elle n'allait. Cela m'a beaucoup af-
« fligé, parce que ce n'est point la vérité qu'on a dite à votre
« Seigneurie, et que, comme je le dois, je désire bien plus que
« tout autre, que ce monument arrive à bon terme. Si je ne
« me trompe grossièrement, je crois pouvoir affirmer, au
« contraire, qu'il ne saurait être en meilleur état, d'après
« les travaux qui s'y font en ce moment. Mais comme il est
« vrai que mon propre intérêt et ma vieillesse peuvent faci-
« lement m'en faire accroire, et porter, contre mon inten-
« tion, préjudice à ladite construction, j'entends, aussitôt que
« je le pourrai, demander à Sa Sainteté la permission de
« me retirer ; je supplie même votre Seigneurie, afin de

« gagner du temps, de vouloir bien me débarrasser sur-le-
« champ de ces soins trop pénibles auxquels je me livre gra-
« tuitement depuis dix-sept ans, d'après les ordres de
« plusieurs papes. Il est facile de voir combien, pendant
« ce temps-là, il a été fait de travaux à l'église de Saint-
« Pierre. Si votre Seigneurie veut bien me faire accorder la
« permission que je demande, elle ne pourra m'obtenir de
« Sa Sainteté une grace plus singulière. »

De ma maison, septembre 1560.

M. A.

C'est avec cette noble fierté et cette fine ironie qu'un Michel-Ange, couvert de gloire, devait répondre à un prélat obscur et ignorant. Il ne s'abaisse point, dans sa lettre, à se plaindre de ses persécuteurs : la conscience de son talent le mettait trop au-dessus d'eux; et quoique, depuis plus de vingt ans, il fût sans cesse exposé à leurs basses manœuvres, l'amour de son art et l'intérêt qu'il prenait aux travaux importants qui lui étaient confiés ne lui avaient jamais permis d'en sacrifier l'exécution au repos dont avait besoin sa vieillesse, ni à la crainte de voir attaquer pour un moment une renommée qui devait survivre à tant de siècles. Sa persévérance à cet égard égala son désintéressement; il sut tout à la fois résister aux intrigues de Rome et aux séductions de Florence, où l'appelaient cependant d'heureux souvenirs de jeunesse, l'amitié de Vasari et de Jean de Bologne, l'admiration de ses compatriotes, et les avances du prince le plus éclairé de l'époque*. Loin même de chercher à se venger

---

* *Morto Giulio III e creato pontefice Marcello Cervini, Paolo IV, i contrarj di Michelagnolo gli mossero contro nuove persecuzioni, delle*

de ses jaloux détracteurs par quelques traits satiriques et mordants, que la supériorité de son esprit et sa facilité à écrire auraient pu lui fournir, il ne répondait depuis longtemps à leurs injustes dépréciations que par la sévère impartialité de ses jugements, quand il s'agissait de leurs propres œuvres. C'est ainsi qu'à propos de Bramante, qui avait toujours tâché de lui nuire auprès des souverains pontifes, il écrivait à un certain Bartholomée : « On ne peut refuser à « Bramante d'avoir été aussi grand architecte qu'aucun « de ceux qui aient paru depuis les anciens jusqu'à nos « jours. Il posa les premiers fondements de Saint-Pierre. « Son plan clair, simple, lumineux, ne devait nuire en « rien à aucun des vastes détails de ce monument. Sa conception fut regardée comme une belle chose, et elle doit « l'être encore ; en sorte que quiconque s'est éloigné de l'ordonnance de Bramante, s'est éloigné de la vérité. »

Tous ces traits réunis nous montrent dans Michel-Ange, indépendamment du grand artiste, l'homme honnête et courageux, l'esprit libre et élevé, le philosophe à la fois in-

---

quali essendo informato il Granduca Cosimo, e desiderando al sommo d'averlo appresso di se per la direzione delle fabbriche sue, prese occasione di farli premurosi inviti con offerte vantaggiose per farlo ritornare a Firenze; il che forse sarebbe anco succeduto, se morto Marcello in questo tempo, il successore Pio IV, a cui premeva il proseguimento della fabbrica di san Pietro, non l'avesse obbligato a restare in Roma. Nondimeno, stante la continuazione de' fastidj che incontrava verso la fine della vita, sarebbe volentieri tornato a riposarsi nella sua patria; ma l'affetto premuroso che aveva per la chiesa di san Pietro lo tratteune dal risolversi, avendo osservato che, senza la sua assidua assistenza, seguivano grandi errori.

(GIROL. TICCIATI. *Supplem. alla vita di Mich. Ang.*)

dulgent pour les autres et rigoureux pour lui-même ; et l'on ne sait ce qu'il faut admirer le plus chez lui, de ses rares vertus ou de son sublime talent.

1. *Quel che contenta molti non è sempre sì pregiato e caro al mondo che non sia alcuno che senta crudo ed amaro a se quel ch' è dolce a loro.*

Loro se rapporte à *molti.*

2. *Di fuor*, c'est-à-dire : *nel volto, negli atti.*

3. Nè temo invidia, o pregio onore o lode.

C'est la disjonctive *nè* et non l'alternative *o*, qu'exigerait la rigueur grammaticale; mais le poète a employé *o* 'pour l'élision.

4. Del mondo cieco.

C'était la seule épithète qui convînt : le poète, en parlant des louanges et des honneurs que le monde prodigue souvent sans motif légitime, devait naturellement supposer plutôt de l'aveuglement qu'une injustice volontaire, dans le choix indigne de ses idoles.

5. E vo per vie men calpestate e sole.

Michel-Ange fuyait le monde. Si son historien n'avait eu soin de nous en avertir, ses propres écrits auraient suffi pour nous l'apprendre. Ses lettres surtout font connaître son goût pour la retraite; goût qui lui fut inspiré d'abord par l'amour de l'étude, et que sa répugnance pour toute espèce de contrainte ne fit qu'entretenir par la suite. Soumis aux devoirs de la société, il n'en put souffrir les entraves, et connut trop bien les hommes pour les jamais rechercher. Libre et fier comme le génie, on le vit braver le courroux du despotique et redoutable Jules II*; se refuser aux honneurs que lui voulait décerner sa patrie; résister aux offres brillantes de Charles-Quint, du roi de France et du Grand-duc de Toscane; préférant l'indépendance aux grandeurs, le repos à l'éclat, les douceurs de l'amitié à la faveur des princes, son atelier à leur cour; recherchant, en un mot, plus la gloire que les richesses, et acquérant, par une conduite si louable et si rare chez les artistes, le droit de dire peut-être seul dans son siècle, « que la route qu'on lui voyait « suivre était la moins frayée. »

---

* N'ayant pu obtenir de Jules II une audience qu'il sollicitait, pour se plaindre des dégoûts qu'on lui faisait éprouver dans l'exécution du célèbre mausolée de ce pape, il fit dire à Sa Sainteté que, si elle avait de nouveaux ordres à lui donner, il fallait qu'elle les lui fît adresser ailleurs qu'à Rome, et se retira sur-le-champ à Florence. Dans son étonnement et son courroux, le pape fit aussitôt dépêcher cinq courriers à Michel-Ange, qui ne fut ébranlé ni par ses promesses ni par ses menaces. Connaissant toutefois la violence de Jules II, il résolut de passer à Constantinople; mais le gonfalonier Soderini le détermina à se rendre enfin aux vœux du souverain pontife. « Le roi de France « lui-même, lui dit-il, n'aurait peut-être pas osé se comporter envers « Sa Sainteté comme tu l'as fait; elle ne doit pas être réduite à des- « cendre jusqu'à la prière, et nous-mêmes nous ne devons pas, pour « l'amour de toi, exposer l'État à une guerre, ni compromettre sa sû- « reté. Retourne donc à Rome, et si tu conçois quelques craintes pour « ta liberté, nous te donnerons le titre d'ambassadeur, qui te mettra à « l'abri du courroux du pape. »

MADRIGAL XXVIII.

Ce madrigal, qui est aussi le dernier du recueil complet des poésies de Michel-Ange, semble être le fruit de la jeunesse de notre poète, tant il a de grace et de simplicité! Quoique légèrement traité en apparence, il ne laisse pas de renfermer quelques-unes de ces pensées qui placent Michel-Ange bien au-dessus d'un simple versificateur.

1. Costei pur mi trastulla.

Le mot *trastullare* est charmant en italien. Il équivaut à peu près à *prendersi gioco*.

2. Di fuor pietosa e nel cor aspra e fiera.

Ce style ne serait désavoué par aucun poète.

3. E che 'l suo perde chi 'n quel d'altri spera.

Vers admirable et profond, qui nous découvre bien mieux encore l'expérience du sage que le talent du poète. Il est vivement empreint de ce même caractère de vérité qui a gravé ceux-ci dans le souvenir de toutes les personnes qui ont lu le Dante :

> Tu proverai sì come sa di sale
> Lo pane altrui, e com' è duro calle
> Lo scendere e 'l salir per l'altrui scale.
> PARAD.

4. Ma ingrato è chi più manca a chi più crede.

Cette vérité n'est pas seulement applicable à l'amour; elle l'est encore à tout sentiment qui a pour base la confiance et la bonne foi. Tromper est toujours une chose honteuse, mais tromper qui vous aime est un crime.

FIN DES NOTES SUR LES MADRIGAUX.

POÉSIES DIVERSES.

CAPITOLO I.

Poichè d'ogni mia speme il verde è spento [1]
 Nè pietà del mio mal ti stringe o move
 E godi ognor vie più del mio tormento,
In chi spero trovar mercede o dove
 Rivolgo i preghi, e in chi fia ch'io mi fide
 Se te non vincon di mia fè le prove?
Amor, che le question nostre recide,
 Giudice invoco, e, s'io mi doglio a torto,
 Dia l'arco in mano a chi di me si ride [2].
Chi è prigion, chi è presso ad esser morto,
 Al tribunal del suo signor s'appella
 Benchè tiranno ingiusto o poco accorto.
O donna, sovra l'altre belle bella [3],
 Come può chi t'onora, adora e serve,
 Farti schiva, fugace, altera e fella?
O voglie rigidissime e proterve,

CHAPITRE I*.

Si tout espoir doit s'éteindre en mon ame; si nulle pitié pour moi ne te touche; si chaque jour davantage tu sembles te plaire à mes tourments, de qui me faut-il donc attendre un soulagement à mes maux? Hélas! où porterai-je mes vœux, dans qui mettrai-je ma confiance, si tu restes insensible aux témoignages d'une si vive ardeur? Amour, sois juge entre nous; je te prends pour arbitre : si mes plaintes ne sont pas légitimes, remets, j'y consens, ton arc dans les mains de celle qui se fait un jeu de mes peines. Un condamné que le trépas attend, en appelle à son souverain, quelque inique, et cruel qu'il puisse être. O toi qui surpasses en beauté les plus belles, comment peux-tu ne répondre que par d'injustes dédains à tant de respect, de soumission et d'amour! Inflexible

* Voyez les notes.

O anima di giel, che più s'agghiaccia
    Più presso al fuoco dov'amor più ferve[4];
Preste ad uccider, crude e fiere braccia,
    Mani a schernir chi per voi muor sì pronte;
    Occhi volti a beffar chi più s'allaccia[5],
Bellezze senza numer chiare e conte,
    Nobiltà vera, onor, virtù del cielo,
    Che fossero altrui danni, ingiurie ed onte
Non credei già, ma provvidente zelo
    E divina mercè, sol per mostrarci
    Qual vita fia, sciolto il corporeo velo.
Ma tu, ingrata, che fede puoi donarci
    Con tua beltà delle cose divine[6]?
    Vivi quì sol per morte e strazio darci.
Chi mandata è dal ciel solo per fine
    D'altrui giovare, e 'l niega, ahi, ben è degna
    Delle sue sì, non dell'altrui rovine.
Ma 'l ben che tu m'ascondi, amor m'insegna
    E vuol ch'io te 'l rimembri e te 'l dimostri,
    Acciochè di perdon non resti indegna.
Movanti onestamente i vivi inchiostri[7],
    Pregia me, pregia il mondo a cui se' bella,
    Nè schivar, benchè bassi, i merti nostri.
È 'l fin di chi ha virtù giovar con ella[8],

et capricieuse beauté, d'autant plus insensible, que les feux que tu allumes sont plus ardents, devais-je penser que des vertus et des charmes si dignes du ciel pussent devenir pour ceux qu'ils séduisent une cause de chagrin, de honte et de tourment? Hélas! je croyais au contraire qu'il ne fallait voir dans ces dons précieux, qu'un attrait bienfaisant, qu'un gage divin de bonheur, qu'un avant-goût des béatitudes promises dans l'autre vie. Mais, ingrate, de quoi de divin ta beauté fait-elle foi ici-bas? Tu ne t'y montres que pour nous abreuver d'amertumes, et nous donner la mort. Celle dont la céleste mission est de faire le bonheur des autres et qui le leur refuse, mérite bien de souffrir elle-même tous les maux qu'elle cause. Ce bien que tu me dérobes, l'amour me le révèle; il veut que je t'en parle, que je t'en retrace tous les heureux effets, pour que tu cherches à te rendre digne de son pardon. Ah! laisse-toi toucher par mes ardentes prières; ne me rebute pas; ne dédaigne point ce monde qui t'admire; ne méprise pas le peu que nous valons. Le vrai mérite ne se renferme point en lui-même; il est profitable à tous, et c'est

E vien più ad uopo dov' ell' è più rara;
   Che più luce fra l'ombre accesa stella.
Tu se' pur di te stessa troppo avara,
   Tal che m'uccidi e ne resti impunita,
   E l'alterezza tua sempre è più chiara.
Qual fu sorte giammai simile udita?
   Cambiare amor, pietà, servizio, e fede,
   A strazj, a pene, a morte senza aita.
O grazie che dal ciel sì 'l mondo vede
   Raro piover altrui, perchè, a te tolte,
   Non ne divien più amica donna erede?
Ma non per l'aspre tue repulse molte
   Ritraggo il cuor[9]; che, s'altra unqua m'alletta,
   Mi son l'altrui lusinghe insulse e stolte.
E par che nuova speme ne imprometta[10]
   All'anima innocente ancor pietade,
   E nuovo tempo per suo scampo aspetta.
Che, s'ogni donna lievemente cade
   A creder al bugiardo la menzogna,
   Che con falsi argomenti persuade,
Più dei creder tu 'l ver, s'al vero agogna
   L'anima tua[11]; e fia tanto potente,
   Che mi torrà dal cor questa vergogna[12].
Tu falsa, disleale, e crudelmente,
   Ch'accusi me del periglioso errore

où il est plus rare que ses bienfaits ont plus de prix : ainsi, les feux d'une étoile brillent davantage au sein de l'obscurité. Cependant, trop avare des biens que tu possèdes, tu me donnes la mort avec impunité, et tu n'en parais que plus fière. Fut-il jamais un sort plus déplorable! N'avoir pour prix de son amour, de son dévouement, de sa fidélité, que des tourments, des dédains et une mort continuelle. Oh! pourquoi ces divines faveurs que le ciel dispense si rarement aux mortels, ne te sont-elles pas ravies, pour devenir le partage d'une femme plus compatissante? Et je sens, malgré tes rebuts cruels, que je ne puis te retirer mon cœur, et que, si quelque autre tente de le séduire, ses agaceries sont aussi froides que vaines. Mon ame semble puiser dans cette constance même l'espoir d'exciter un jour ta pitié; elle se flatte de voir un temps plus propice et d'obtenir enfin le bonheur. Si les femmes en général se laissent trop facilement abuser par l'artifice et l'imposture, la vérité doit avoir sur toi plus d'empire; car elle fut toujours ton idole; et, sans doute elle sera assez puissante pour me justifier à tes yeux de la honte d'un amour vulgaire. O vous, dont les discours menteurs, perfides et cruels osent m'accuser de cette dangereuse erreur qui séduit le commun des hommes;

Che suona ognora in bocca della gente [13],
Ricrediti [14] oramai, tu l'empio cuore
    Tuo manifesta, ch'io so che costei
    Fra l'altre donne grandi è la maggiore;
Ed alla madre degli uomini rei,
    Matrigna ai giusti [15], mostra che chi l'ama
    Nuoce vie più che scriver non saprei,
E l'onor fiede, e dà morte alla fama [16].

rétractez-vous, montrez à découvert votre malignité : je déclare qu'entre toutes les femmes vertueuses, celle que j'aime est la plus digne de respect. Et toi, déité des pervers, fléau des gens de bien, Calomnie! sache que brûler pour elle d'une flamme impure est un outrage plus grand que je ne puis l'exprimer; qu'en un mot, c'est blesser son honneur et souiller sa gloire.

CAPITOLO II.

Già piansi e sospirai, misero tanto
    Ch'io ne credei per sempre ogni dolore
    Coi sospiri esalar, versar col pianto.
Ma morte al fonte di cotal umore
    Le radici e le vene ognora impingua,
    E duol rinnova all'alma e pena al cuore[1].
Dunque in un punto sol parta e distingua
    Due querele amarissime per voi
    Altro pianto, altra penna, e altra lingua.
Di te, fratel, di te che d'ambi noi
    Genitor fosti, amor mi sprona e stringe,
    Nè so qual doglia più m'affliga e annoi.
La memoria l'un prima mi dipinge,
    L'altro vivo scolpisce in mezzo al seno
    Nuova pietà che di pallor mi tinge[2].

CHAPITRE II.

Malheureux que je suis! J'ai déja tant gémi et pleuré, que je croyais, à force de soupirs et de larmes, avoir épuisé pour toujours la douleur. Mais la mort l'a réveillée dans mon ame; elle a renouvelé avec abondance la source de mes pleurs. En exprimant encore des regrets, ma voix, mes larmes, mes écrits confondent en une seule plainte le double chagrin que me font éprouver deux pertes bien cruelles. O mon frère, et toi, mon père, objets de mon ardent amour! Je ne sais qui de vous me cause la plus vive affliction. Le souvenir de l'un frappe d'abord mon esprit; l'autre, dont la perte récente couvre mon front de pâleur, a laissé sa vivante image profondément gravée dans mon sein.

È ver ch'all' alto empireo sereno
   Tornati, com'amor mi persuade,
   Ho da quetar l'affanno ond'io son pieno.
Ingiusto è 'l duol che dentro un petto cade
   Per chi riporta a Dio la propria messe,
   Sciolto dal mondo e da sue torte strade [3].
Ma qual core è crudel, che non piangesse,
   Non dovendo veder di quà più mai
   Chi gli diè l'esser pria, nutrillo, e resse?
Nostri intesi dolori, e nostri guai
   Son come più o men ciascun gli sente,
   E quanto io debil sia, signor, tu 'l sai.
E se pur l'alma alla ragion consente,
   Sì duro è 'l fren per cui l'affanno ascondo,
   Che 'n farle forza più mi fo dolente [4].
E se 'l pensier nel quale io mi profondo,
   Non mi mostrasse al fin ch'oggi tu ridi
   Del morir che temesti in questo mondo,
Conforto non avrei; ma i duri stridi
   Temprati son d'una credenza ferma,
   Ch'uom ben vissuto, a morte in ciel s'annidi [5].
Nostro intelletto dalla carne inferma
   È tanto oppresso, che 'l morir più spiace,
   Quanto più 'l falso persuaso afferma.
Novanta volte l'annua sua face
   Ha 'l sol nell'ocean bagnata e molle

Il est vrai qu'écoutant mon amour pour vous, je trouve à consoler mes douleurs en pensant que vos ames sont retournées au céleste séjour. Convient-il de s'affliger pour celui qui, libre enfin des liens et des égarements du monde, rapporte à Dieu la moisson de ses vertus? Et, toutefois, quel cœur assez insensible ne s'attendrirait pas à l'idée de ne jamais revoir ici-bas l'être qui lui donna la vie, qui le nourrit et l'éleva? Plus notre ame est sensible, plus nos douleurs sont vives, et tu sais, ô mon père, quelle est, à cet égard, ma faiblesse! si je parviens cependant quelquefois à modérer cette vivacité d'affliction, la pénible contrainte que je m'impose redouble encore mon tourment. Ah! si je n'étais convaincu, par les pensées dans lesquelles mon esprit est plongé, que tu braves aujourd'hui cette mort que tu redoutais ici-bas, rien ne pourrait me consoler; mais la ferme croyance où je suis que l'homme qui a bien vécu trouve, après la mort, sa place dans le ciel, adoucit l'amertume de mes regrets. Notre ame est tellement liée avec sa périssable dépouille, que plus elle se livre à l'erreur, plus la mort nous paraît affreuse. Quatre-vingt-dix fois le soleil, au terme de sa course annuelle, a baigné son

Pria che sii giunto alla divina pace.
Or ch'a nostra miseria il ciel ti tolle,
  Increscati di me che morto vivo,
  Se'l ciel per te quaggiù nascer mi volle.
Tu se' del morir morto[6], e fatto divo,
  Nè temi or più cangiar vita nè voglia,
  Che quasi senza invidia non lo scrivo.
Fortuna e tempo dentro a vostra soglia
  Non tenta trapassar, per cui s'adduce
  Infra dubbia letizia certa doglia.
Nube non è ch'oscuri vostra luce,
  L'ore distinte a voi non fanno forza,
  Caso o necessità non vi conduce.
Vostro splendor per notte non s'ammorza,
  Nè cresce mai per giorno benchè chiaro,
  E quando'l sol più suo calor rinforza[7].
Nel tuo morire il mio morire imparo[8],
  Padre felice, e nel pensier ti veggio
  Dove'l mondo passar ne fa di raro.
Non è, com'alcun crede, morte il peggio
  A chi l'ultimo dì trascende al primo[9],
  Per grazia eterna, appresso al divin seggio;
Dove, la Dio mercè, ti credo e stimo,
  E spero di veder, se'l freddo cuore

flambeau au sein de l'Océan, avant que tu aies été rappelé au sein du repos céleste. Maintenant que Dieu t'a retiré de ce séjour de misère, daigne, puisque le ciel a voulu que tu me donnasses l'existence, daigne prendre pitié de moi qui vis dans un état de mort. Affranchi désormais du trépas et sanctifié dans ton être, tu n'as plus à craindre de changer de nature ni de désirs : à peine puis-je, en l'écrivant, me défendre d'envier ton sort. La fortune et le temps qui traînent toujours à leur suite, parmi des plaisirs incertains, des peines inévitables, voudraient en vain pénétrer dans le séjour que vous habitez, êtres fortunés. Aucun nuage jamais n'obscurcit votre douce lumière ; le temps pour vous est sans mesure ; vous n'obéissez plus au hasard ni à la nécessité; la nuit ne vient point effacer la clarté qui vous environne, et le soleil, au milieu de ses plus vives ardeurs, ne peut rien ajouter à l'éclat de vos jours.

Ta mort m'apprend à mourir, ô mon bienheureux père ! Et ma pensée te voit où les routes du monde conduisent rarement. Non, la mort n'est point un mal pour celui que la grace éternelle porte au pied du trône céleste: le dernier jour de sa vie est le premier de sa félicité. C'est là, j'aime à le croire, que t'a placé la miséricorde divine; c'est là que j'espère aussi te

Mia ragion tragge dal terrestre limo.
E se tra 'l padre e 'l figlio ottimo amore
    Cresce nel ciel, crescendo ogni virtute,
    Rendendo gloria al mio divin fattore,
Goderò con la mia la tua salute [10].

revoir, si ma raison parvient à dégager mon cœur de la fange terrestre. Et comme le vif amour d'un fils pour son père doit s'accroître encore dans le ciel où croît toute vertu, je goûterai, tout ensemble, ta béatitude et la mienne, en rendant gloire au divin créateur.

CANZONE.

Nel corso de' miei anni al segno sono,
    Come saetta ch'al berzaglio è giunta,
    Onde si dee quetar l'ardente foco [1].
Amor, gli antichi danni a te perdono,
    Cui ripensando, il cuor l'armi tue spunta;
    E più per nuova prova non hai loco.
Se dei tuo' strali ancor prendesser gioco
Gli occhi miei vaghi, il cuor timido e molle
        Vorria quel che già volle [2];
Ond' or ti spregia e fugge, e tu te 'l sai,
Per vie men forza aver stanco ne' guai [3].

Tu speri forse per nuova beltade
    Tornarmi indietro al periglioso impaccio,
    Ove nè l'uom più saggio si difende?
Più certo è 'l mal nella più vecchia etade;
    Ond' io sarei come nel fuoco ghiaccio,
    Che si distrugge e sface, e non s'accende.

CANZONE*.

Parvenu au terme de ma carrière, comme un trait rapide à son but, il est temps que j'éteigne en mon sein toute ardeur amoureuse. Je te pardonne, Amour, tes anciens torts envers moi; le souvenir que j'en garde émousse désormais sur mon cœur tes armes impuissantes : je suis inaccessible à tes coups. Si mes yeux pouvaient être encore séduits par tes charmes, ce lâche et faible cœur voudrait sans doute aujourd'hui ce qu'il voulut autrefois; mais non : épuisé maintenant par ses longues souffrances, il te dédaigne, il te fuit.

Tu te flattes peut-être qu'une nouvelle beauté saura m'engager encore dans ces liens dangereux dont l'homme le plus sage ne peut toujours se défendre. Les blessures que tu fais au cœur d'un vieillard sont, il est vrai, les plus irrémédiables; mais je ressemblerais à la glace qui se dissout et se fond dans le feu sans pouvoir s'en-

* Voyez les notes.

La morte in questa età sol ne difende
Dal fiero braccio, e dai pungenti strali
    Cagion di tanti mali,
E per cui spesso già salda ed immota
L'altrui felicità volse la ruota.

L'anima mia che con la morte parla,
  Seco di se medesma si consiglia,
  E di nuovi pensieri ognor s'attrista;
  É 'l corpo di dì in dì crede lasciarla,
  Onde l'immaginato cammin piglia,
  Di speranza e timor confusa e mista [4].
  Ahi, ahi, Amor, come se' pronto in vista,
  Temerario, audace, armato e forte;
      Che 'l pensier della morte
  Nel tempo suo [5], di me vuoi cacciar fuori
  Per trar d'un tronco secco e fronde e fiori!

Che poss'io più? che debb'io? nel tuo regno
  Non hai tu 'l tempo mio tutto passato,
  Che de' miei anni un' ora non m'è tocca?
  Qual inganno, qual forza, o quale ingegno
  Tornar mi puote a te, signore ingrato,
  Ch' al cuor dai morte, e pietà porti in bocca [6]?
  Ben sare' l'alma semplicetta e sciocca,
  Ch' uscì de' lacci, e 'l carcer trovò aperto,

flammer. A mon âge, la pensée de la mort peut seule nous garantir de tes coups redoutables; elle repousse ces traits poignants qui causent tant de maux et renversent souvent, en un jour, le bonheur le mieux assuré.

Mon ame, préoccupée de la mort, délibérant avec elle-même, incessamment attristée par de nouvelles méditations, et sur le point d'abandonner sa dépouille mortelle, s'avance, par la pensée, dans le chemin de l'éternité, flottant entre l'espérance et la crainte. Amour, Amour! combien tu es audacieux et prompt, téméraire et puissant! Tu veux chasser loin de moi la pensée de la mort, quand elle m'est si naturelle; tu veux rendre à un tronc desséché ses fleurs et sa verdure.

Que puis-je désormais? Qu'exiges-tu de moi? n'ai-je pas tellement coulé mes jours sous ton empire, qu'un seul instant de ma vie n'a pu m'appartenir? Quelle force, quelle ruse, quel prestige pourrait me ramener à toi, maître ingrat et perfide, qui donnes la mort en parlant de pitié? Ah! combien imprudente et crédule serait l'ame qui, libre enfin de tes chaînes, abandon-

Lasciando il gioir certo
Torsi la libertà che sì si stima[7],
Tornando a quel che le diè morte in prima.

OGNI nato la terra in breve aspetta;
D'or in or manca ogni mortal bellezza;
Chi ama, io'l so, non si può ognor disciorre :
Al gran peccato è presso la vendetta.
E chi più segue quel che'l senso apprezza,
Colui è quel ch' a più suo mal più corre.
Tiranno Amore, ove mi vuoi tu porre?
Vuoi ch' obbliando i miei sofferti affanni
L'ultimo, appo i tuoi inganni,
Giorno, che per mio scampo mi bisogna,
Sia quel del danno e quel della vergogna?

CANZON[8], nata tra'l ghiaccio al fuoco appresso,
Se incontri Amor ch' alla mia guerra s'armi,
Cerca pace impetrarmi;
Dilli, s'egli di me desia vittoria,
Che'l vincer chi già cadde è lieve gloria.

nerait un bonheur certain et la liberté, ce bien inestimable, pour rentrer sous le premier joug qui l'opprima mortellement!

La terre n'attend pas long-tems ce qui respire, et chaque instant emporte avec lui quelque chose des beautés de ce monde. Quand on est amoureux (qui le sait mieux que moi?) peut-on à volonté cesser de l'être? Le châtiment suit de près l'erreur, et plus on donne à ses sens, plus vîte on court à sa perte. Tyran cruel, que veux-tu donc de moi? Dois-je, oubliant encore mes anciennes souffrances, faire de mes derniers jours nécessaires à l'expiation de mes fautes, ceux de ma perdition et de ma honte éternelle?

Vers que j'ai composés avec un cœur brûlant sous les glaces de l'âge; si vous rencontrez l'amour prêt à me déclarer la guerre, ménagez-moi la paix avec lui; dites-lui bien s'il veut me subjuguer encore, qu'il y a peu de gloire à triompher de celui qu'on a déjà vaincu.

EPIGRAMMA

SOPRA LA STATUA DELLA NOTTE.

La Notte che tu vedi in sì dolci atti
Dormir, fu da un Angelo scolpita
In questo sasso, e, perchè dorme, ha vita;
Destala, se nol credi, e parleratti.

RISPOSTA,

IN PERSONA DELLA NOTTE, DI MICHELAGNOLO.

Grato m' è 'l sonno, e più l' esser di sasso,
Mentre che 'l danno e la vergogna dura;
Non veder, non sentir m' è gran ventura;
Però non mi destar, deh! parla basso.

ÉPIGRAMME*

SUR LA STATUE DE LA NUIT.

La Nuit, que tu vois dormir dans un si doux abandon, fut sculptée par un Ange; puisqu'elle dort, elle vit : si tu en doutes, éveille-la; elle te parlera.

RÉPONSE

DE MICHEL-ANGE AU NOM DE LA NUIT.

Il m'est doux de dormir; plus doux encore d'être de marbre, dans ces temps de malheurs et d'opprobre. Ne rien voir, ne rien sentir est un bonheur pour moi : ne m'éveille donc point; parle bas.

* Voyez les notes.

EPITAFFI.

I.

Se fusser, perch'io viva un' altra volta,
Gli altrui pianti a quest' ossa e carne e sangue,
Saria spietato chi s' affanna e langue
Per rilegarvi l' alma in cielo accolta.

II.

Alla terra la terra, e l'alma al cielo
N' ha reso morte; e chi morta ancor m' ama
Ha dato in cura mia bellezza e fama
Ch' eternar faccia in pietra il mio bel velo.

III.

Io fui mortale, ed or son fatta diva;
Poco ebbi il mondo, e per sempre il ciel godo;
Di sì bel cambio, e di morte mi lodo
Da cui fui spenta ad eternarmi viva.

ÉPITAPHES*.

I.

Si les pleurs qu'on verse sur moi pouvaient ranimer ma cendre et me rappeler à la vie, combien il serait cruel celui qui, par son affliction et ses plaintes, voudrait reléguer de nouveau sur la terre mon ame à qui le ciel s'est ouvert!

II.

La mort a rendu mon ame au ciel, ma dépouille terrestre à la terre; mais celui qui m'aime encore au-delà du tombeau a voulu qu'on reproduisît mes traits sur le marbre pour immortaliser mon nom et ma beauté.

III.

Je fus mortelle; aujourd'hui je vis dans l'éternité; j'apparus un moment sur la terre; maintenant j'habite pour jamais dans le ciel. O changement que je bénis! la mort, en me frappant, m'a donné l'immortalité.

---

* Voyez les notes.

STANZE.

Descrizione della vita campestre; ove chiama il poeta all' avarizia, al lusso, e altri vizi.

I.

Nuovo piacere, e di maggiore stima,
Veder l'ardite capre sopra un sasso
Montar, pascendo, or questa or quella cima,
E 'l mastro lor con aspre note al basso
Sfogare il cuor con la sua rozza rima
Sonando, or fermo ed or movendo il passo,
E la sua vaga, che ha 'l cuor di ferro,
Star coi porci in contegno sotto un cerro.

II.

Qual è veder sopra eminente loco
Di paglia e terra un pastorale ospizio:
Chi ingombra il desco, chi fa fuora il fuoco
Sotto a un masso, e chi grato e propizio
Gratta il porco, e l'ingrassa, e prende gioco;
Chi doma e imbasta l'asinel novizio;
E 'l vecchio gode dell' industre prole,
E siede fuor dell' uscio, e stassi al sole.

STANCES*.

Fragment d'une description de la vie champêtre, dans laquelle le poète s'élève contre l'avarice, le luxe et les autres vices qui règnent dans les villes.

I.

Un autre genre de plaisir qu'il faut priser bien davantage, c'est de suivre des yeux ces chèvres hardies qui vont grimpant et paissant çà et là sur la pointe escarpée des rochers. Le pâtre, tantôt assis, tantôt errant dans la plaine, fait résonner son instrument agreste, et chante des vers sans art où il exhale les tourmens de son ame; tandis qu'avec un air dédaigneux, son insensible bergère repose sous un chêne auprès de son troupeau.

II.

Tel est encore le coup d'œil qu'offre sur l'éminence cette cabane rustique, recouverte de chaume; ici l'on dresse une table; là, sous le roc avancé, s'allume un brasier ardent; l'un soigne et nourrit le porc qu'il agace, l'autre assujétit sous le bât l'ânon encore novice; et le vieillard, assis au seuil de sa porte, jouit à la fois des travaux de son industrieuse famille et des bienfaisants rayons du soleil.

* Voyez les notes.

III.

Di fuor si vede ben quel che dentr'hanno,
Pace senz'odio e senza noia alcuna;
E contenti a solcare i colli vanno,
Nè fan ritorno fin che'l ciel s'imbruna;
Non han serrami, e non temon di danno,
Lascian la casa aperta alla fortuna;
Poi, dopo l'opra, lieti il sonno tentano,
Sazj di ghiande, e 'n sul fien s'addormentano.

IV.

L'invidia non ha loco in questo stato.
E la superbia ognor ne riman fuora;
Avidi son di qualche verde prato,
Là dove l'erba più lieta s'infiora;
Il lor sommo tesoro è un arato,
E 'l vomero è la gemma che l'onora;
Un paio di ceste è la credenza loro,
La ciotola e'l barlotto i vasi d'oro.

V.

O avarizia cieca, o bassi ingegni
Che disusate il ben della natura,
E per oro acquistar provincie e regni
Vostre imprese superbia sol misura,
L'accidia, la lussuria par v'insegni,
L'invidia il mal d'altrui provvede e cura;
Nè v'accorgete in insaziabil foco
Che 'l tempo è breve e 'l necessario è poco [1].

III.

Leur visage montre à découvert ce qui se passe en leur ame : on y voit une paix que ne troublent ni l'ennui, ni la haine. Ils vont, pleins de gaîté, labourer leurs collines; et la nuit seule les ramène au foyer. Leurs portes n'ont point de verroux; exempts de crainte, ils laissent leur maison ouverte à la fortune; et rassasiés de glands après leurs longs travaux, ils cherchent et trouvent sur la paille un tranquille sommeil.

IV.

L'envie n'habite point sous leur toit; l'orgueil en est banni. Ce qu'ils désirent le plus c'est une verte prairie où l'herbe croisse plus riante et plus fraîche. Une charrue est leur trésor; un soc leur plus précieux joyau; ils ont des paniers pour buffet, et des vases de bois au lieu de coupes dorées.

V.

Stupide avarice! êtres abjects qui abusez des biens de la nature; vous qui, pour acquérir de l'or, des provinces ou des empires, ne consultez jamais que votre orgueil : la mollesse vous plonge dans la luxure; l'envie vous rend ingénieux et prompts pour la perte d'autrui; et dans vos insatiables désirs, vous oubliez combien courte est la vie, combien sont bornés nos besoins.

VI.

Color ch' anticamente al secol vecchio
Si trasser fame e sete d'acqua e ghiande
Vi siano esempio, e scorta, e lume, e specchio,
E freno alle delizie, alle vivande [2];
Porgete al mio parlar grato l'orecchio :
Colui che al mondo impera, ch'è si grande,
Ancor desira, e non ha pace poi,
E 'l villanel la gode co' suoi buoi.

VII.

D'oro e di gemme e spaventata in vista
Adorna la richezza va pensando,
Ogni vento, ogni pioggia la contrista,
E gli augurii e i prodigi sta notando.
La lieta povertà, fuggendo, acquista
Ogni tesor, nè pensa come o quando,
Scevra nei boschi in panni rozzi e bigi
Fuor d'obblighi, di cure e di litigi [3].

VIII.

L'avere e 'l dar [4], l'usanze estreme e strane,
E 'l meglio, e 'l peggio, e le cime dell'arte,
Al villanel son tutte cose piane,
E l'erba e l'acqua e 'l latte è la sua parte.
Fa i conti suoi sulle callose mane [5],
E quelle sono a lui calamo e carte;
Che sia nel mondo usura non s'avvede,
E senza affanno alla fortuna cede.

VI.

Nos pères, dans les premiers âges, se contentaient d'eau pour boisson, de glands pour nourriture. Que leurs leçons vous éclairent! Que leur exemple vous guide et mette un frein salutaire à votre intempérance, à vos déréglements. Prêtez à mes discours une oreille attentive : ceux qui gouvernent le monde, qui le remplissent de leur grandeur, ont encore des désirs, et ne peuvent trouver cette paix délicieuse que le villageois goûte avec ses troupeaux.

VII.

Parée d'or et de pierreries, mais l'inquiétude dans les yeux, la Richesse marche triste et pensive; le vent et la pluie la troublent, les augures et les prodiges l'occupent. La pauvreté joyeuse, en fuyant les trésors, en acquiert de plus véritables, sans songer ni quand ni comment; et, libre sous ses habits grossiers, elle vit au milieu des bois, loin des soucis, des procès et de la servitude.

VIII.

Les arts et leurs progrès, les usages recherchés et bizarres, et le doit et l'avoir, et le mieux et le pire, tout cela est indifférent au villageois; ce qui l'occupe, ce sont les bois, les prés, les eaux et le laitage. Pour faire un compte, ses doigts et ses mains calleuses lui tiennent lieu de plume et de papier; il ignore ce que c'est que l'usure, et, sans inquiétude, il s'abandonne au sort.

IX.

D'altro non ha maggior cura o desio
Che figli la súa vacca e cresca il toro.
Onora e teme, e ama e prega Iddio
Pel gregge, per l'armento e pel lavoro.
E 'l dubbio, e 'l forse, e 'l come, e 'l perchè rio [6]
Nol posson far, che non istan fra loro,
E col vero e col semplice Iddio lega,
E 'l ciel propizio alle sue voglie piega.

IX.

Le premier objet de ses soins, c'est la fécondité de sa vache, c'est la croissance de son jeune taureau. Plein de crainte et d'amour pour le Créateur, il appelle les bienfaits célestes sur ses champs et sur ses troupeaux. Les *si*, les *mais*, les *comment*, les *pourquoi*, toutes ces subtilités dangereuses lui sont entièrement étrangères. Sa vie simple et pure est agréable à Dieu, et rend le ciel propice à ses prières.

NOTES.

CHAPITRE Ier.

Quoique le mot *chapitre*, employé comme titre d'une pièce de vers, ne soit point usité dans notre langue, j'ai cru, ne trouvant pas d'autre terme correspondant à celui de *capitolo*, pouvoir en faire usage, sauf à en justifier l'emploi.

Les poètes italiens se sont servis du mot *capitolo*, pour désigner une série de tercets liés les uns avec les autres par le sens ainsi que par la rime, et dont le nombre s'étend ordinairement de dix à cinquante, quelquefois même au-delà. Cette dénomination, probablement employée dans le principe pour des morceaux de poésie dont l'étendue exigeait une division en chapitres, fut très-improprement donnée par la suite à d'autres pièces de vers qui n'avaient de commun avec les premières que la forme du *tercet*.

1. Poichè d'ogni mia speme il verde è spento

M. *Biagioli* fait remarquer avec raison la beauté de cette expression, *di mia speme il verde è spento*. J'ai dû toutefois la modifier en la traduisant, parce qu'il ne m'a pas semblé possible d'en faire passer heureusement, dans notre langue, la double hardiesse. Considérant l'espérance comme un flambeau qui brille à nos yeux dans l'avenir, nous pouvons, à la vérité, dire, en français, éteindre, rallumer l'espérance dans les cœurs, mais nous n'osons aller plus loin; tandis que le poète italien, dédaignant une analogie rigoureuse et les lenteurs d'un terme moyen, joint immédiatement à cette première idée celle de la verdure, symbole de l'espérance, et nous offre hardiment, dans cette seule expression, *il verde è spento*, la double image de l'espérance déçue, représentée sous l'emblème d'une fleur qui se sèche et d'un flambeau qui s'éteint.

2. Amor, che le question nostre recide,
Giudice invoco, e, s'io mi doglio a torto,
Dia l'arco in mano a chi di me si ride.

Cette apostrophe à l'amour, cet appel inattendu à un juge dont le poète connaît cependant toute l'iniquité, vient terminer d'une manière piquante le début de ce morceau, qui, du reste, est plein de chaleur et de mouvement.

3. O donna, sovra l'altre belle bella,

Cette espèce de jeu de mots n'a guère plus, à mon avis, d'agrément en italien qu'en français.

4. O anima di giel, che più s'agghiaccia
Più presso al fuoco dov' amor più ferve;

Pensée fausse et alambiquée.

5. Preste ad uccider, crude e fiere braccia,
Mani a schernir chi per voi muorsi pronte;
Occhi volti a beffar chi più s'allacia.

J'ai supprimé, dans ma traduction, ce tercet tout entier, comme un assemblage confus d'images communes et bizarres que la pureté de notre goût réprouve, et que les délicatesses de notre langue n'auraient pu d'ailleurs me permettre de traduire convenablement.

6. Ma tu, ingrata, che fede puoi donarci
Con tua beltà delle cose divine?

« Mais, ingrate, de quoi de divin ta beauté fait-elle foi ici-bas? »

En m'éloignant le moindrement du mot-à-mot, j'aurais craint de dénaturer la pensée de l'auteur et d'en affaiblir l'expression.

7. Muovanti onestamente i vivi inchiostri.

« Ah! laisse-toi toucher par mes ardentes prières. »

I vivi inchiostri signifient ici, par métonymie, les écrits que le poète adressait à sa dame, et dans lesquels il exprimait ses vœux, ses désirs, ses prières.

8. È 'l fin di chi ha virtù giovar con ella,

« Le vrai mérite ne se renferme point en lui-même; il est
« profitable à tous. »

J'ai cru devoir paraphraser un peu le texte qui, dans sa concision, ne présente pas un sens bien clair.

> 9. Ma non per l'aspre tue repulse molte
> Ritraggo il cor.

Non ritraggo il cuor dall' amarti.

> 10. E par che nuova speme ne imprometta
> All' anima innocente ancor pietade.

Imprometta, du verbe *impromettere*, qui a plus de force et d'élégance que *promettere*.

> E 'l mio parlar tanto ben t' impromette
> (Dante, Inf.)

M. Biagioli prétend que *ne* équivaut ici à un nom exprimant les souffrances qu'éprouve l'ame du poète. Il est plus naturel, ce me semble, de laisser à ce pronom ses fonctions ordinaires de régime indirect, et de le considérer comme établissant le rapport qui existe entre le verbe *imprometta* et l'idée exprimée par les mots *ritraggo il cuor;* ce que j'ai cru rendre avec assez d'exactitude par le mot *constance*, dans la traduction des deux vers précités. « Mon ame semble « puiser dans cette constance même l'espoir d'exciter ta « pitié. »

> 11. . . . . S'al vero agogna
> L'anima tua.

Le mot *agogna* exprime avec une énergie peut-être même outrée, la passion qu'une belle ame peut ressentir pour la vérité.

12. . . . . E fia tanto potente,
   Che mi torrà dal cor questa vergogna.

Il vero fia (sarà) tanto potente, etc.

Il espère que la vérité aura assez d'empire sur l'esprit de sa dame pour lui démontrer combien est pure la flamme qu'il nourrit pour elle, et la prémunir contre l'indigne soupçon d'un amour sensuel, et par conséquent honteux de sa part.

13. Tu falsa, disleale, e crudel mente,
   Ch'accusi me del periglioso errore
   Che suona ognora in bocca della gente.

Mente pris pour l'esprit du monde ou pour le monde lui-même.

Par les mots *periglioso errore*, le poète entend l'amour, mais cet amour faux et dangereux qui remplit les cœurs sans élévation ; qui n'est que le partage du vulgaire : *che suona ognora in bocca della gente*. Raffinements platoniques qui avaient bien assurément leur côté noble, mais dont le goût ne servit pourtant qu'à dénaturer chez la plupart des poètes italiens du quatorzième et du quinzième siècle le sentiment et l'expression.

Au reste, toute la fin de ce chapitre, pleine d'amertume et d'indignation contre les hommes, nous prouve assez que Michel-Ange, malgré l'austérité de sa vie, la chasteté de ses mœurs et le respect attaché à son nom, ne fut pas encore à l'abri de la malignité humaine, et qu'il se vit attaqué, par des propos outrageants, dans ce qu'il avait de plus cher au monde : la gloire de celle qu'il aimait, et l'innocence de ses propres feux.

14. Ricrediti oramai.

Du verbe *ricredere, tornar alla credenza vera.*

15. Ed alla madre degli uomini rei,
Matrigna ai giusti, mostra che chi l'ama
Nuoce vie più,

« Et toi, déité des pervers, fléau des gens de bien, Ca-
« lomnie! sache que brûler pour elle d'une flamme im-
« pure, etc. »

D'après tout ce qui précède, il est évident que le poète a voulu désigner ici la calomnie ou l'envie : l'une et l'autre méritent bien également les noms qu'il leur donne. Mais rien n'annonçant dans cette pièce que Michel-Ange ait voulu faire le moindrement allusion ni à la jalousie ni à l'injustice de ses rivaux ou de ses juges dans les arts, le mot *Envie* n'aurait pas été suffisamment motivé dans ma traduction, tandis que par ces vers ci-dessus rapportés ,

Tu falsa, disleale, e crudel mente
Ch' accusi me del periglioso errore
etc.

le poète semble avouer que son amour pour la marquise de Pescaire* était devenu l'objet de soupçons injurieux, de

---

* Voyez les pages 105, 112, 208.

discours menteurs et perfides ; en un mot, qu'elle et lui se trouvaient en butte à la *calomnie*. J'ai donc adopté cette interprétation, parce qu'elle m'a paru nécessaire pour éclaircir la pensée du poëte que les métaphores indéterminées de *madre degli uomini rei*, *matrigna ai giusti*, rendent un peu trop vague.

16. E l'onor fiede, e dà morte alla fama.

Vers plein de force, que ma traduction ne rend que bien faiblement.

CHAPITRE II.

1. Già piansi e sospirai, misero tanto
   Ch'io ne credei per sempre ogni dolore
   Coi sospiri esalar, versar col pianto.
   Ma morte al fonte di cotal umore
   Le radici e le vene ognora impingua,
   E duol rinnova all' alma e pena al cuore.

Michel-Ange pleurait encore la perte d'un frère chéri, quand la mort de son père vint le frapper d'un nouveau coup. Les pieuses pensées par lesquelles il tempérait sa première affliction ne sont plus assez fortes pour contenir sa douleur : son ame courageuse cède pour cette fois ; et la plainte qui s'en exhale nous révèle la tendre mélancolie, la douce sensibilité de ce génie si fier et si sévère.

Les sentiments religieux qu'à l'exemple de ses premiers modèles Michel-Ange mêla trop souvent à l'expression de son amour, s'allient ici admirablement avec la tristesse de son âme et l'austérité du sujet. Ce morceau peut être regardé comme une véritable élégie ; le caractère en est parfaitement conforme à celui de ce genre de poésie, dont l'origine remonte aux solennités funéraires des anciens, et qui ne fut consacré aux disgraces de l'amour qu'après avoir long-temps exprimé des plaintes sur un cercueil. Un ton simple et naturel, des pensées tour-à-tour nobles, touchantes et mélancoliques, et un style toujours exempt de recherche, méritent à cette pièce le premier rang parmi les poésies de Michel-Ange.

2. L'altro vivo scolpisce in mezzo al seno
 Nuova pietà che di pallor mi tinge.

« L'autre, dont la perte récente couvre mon front de pâ-
« leur, a laissé sa vivante image profondément gravée dans
« mon sein. »

Belle image, belle expression qu'il a fallu nécessairement affaiblir en français !

3. Ingiusto è 'l duol che dentro un petto cade
 Per chi riporta a Dio la propria messe,
 Sciolto dal mondo e da sue torte strade.

Il ne faut point se lasser de le dire : on doit regretter vivement que notre langue ne nous permette pas de faire passer dans une traduction toutes les beautés de ce style nerveux et figuré.

4. Ma qual core è crudel, che non piangesse,
   Non dovendo veder di quà più mai
   Chi gli diè l'esser pria, nutrillo, e resse?

Ces vers, dans leur simplicité naïve, deviennent d'autant plus touchants, que Michel-Ange, par ses conceptions toujours fortes, sévères ou terribles, a donné communément à penser, mais à tort, que son ame ne fut jamais ouverte à aucun sentiment tendre, à aucune impression douce et gracieuse.

5. . . . . Ma i duri stridi
   Temprati son d'una credenza ferma,
   Ch'uom ben vissuto, a morte in ciel s'annidi.

Cette profession de foi se retrouve fréquemment dans tous les écrits de Michel-Ange.

6. Increscati di me che morto vivo,
   . . . .
   Tu se' del morir morto.

Insignifiants jeux de mots qui choquent d'autant plus ici, que tout ce chapitre est écrit avec une sagesse, un goût et une simplicité remarquables.

7. Fortuna e tempo dentro a vostra soglia
   Non tenta trapassar, per cui s'adduce
   Infra dubbia letizia certa doglia.

> Nube non è ch'oscuri vostra luce,
> L'ore distinte a voi non fanno forza,
> Caso o necessità non vi conduce.
> Vostro splendor per notte non s'ammorza,
> Nè cresce mai per giorno benchè chiaro,
> E quando 'l sol più suo calor rinforza.

Dans ce rapide tableau du bonheur que goûtent les élus au sein du repos céleste, Michel-Ange a su s'élever au ton de la plus sublime poésie. Par la beauté des images, l'élégance de l'expression et la vivacité du coloris, le style de ce morceau est comparable à celui des plus brillantes descriptions du même genre, et laisse deviner le modèle que choisit notre poète.

> Devenere locos lætos, et amœna vireta
> Fortunatorum nemorum, sedesque beatas.
> Largior hîc campos æther et lumine vestit
> Purpureo ; solemque suum, sua sidera, norunt.
>   (ÆNEIDOS, lib. VI.)

Sans doute il avait présents à sa mémoire ces vers si doux et si harmonieux, quand il composa les siens ; et nous aimons à nous représenter Michel-Ange écrivant sous l'inspiration de Virgile, comme il peignait sous celle du Dante.

8. Nel tuo morire il mio morire imparo.

Il fait sans doute allusion par ce vers aux sentiments religieux dans lesquels son père était mort.

9. A chi l'ultimo dì trascende al primo,

Al primo laisse le sens incomplet : j'ai cru entrer dans la pensée de l'auteur en disant : « le dernier jour de sa vie est « le premier de sa félicité. »

10. Goderò con la mia la tua salute.

Ce dernier trait n'est pas le moins touchant; il termine le chapitre surtout d'une manière bien conforme au doux et noble sentiment de piété filiale qui anime tout ce morceau.

CANZONE.

Les mots d'*ode* et de *chanson* ont été très-improprement employés par quelques traducteurs pour rendre celui de *canzone*, qui n'a pas plus de correspondant en français que le genre de poésie auquel il sert de titre n'a d'exemple.

Ginguené, qui connaissait aussi bien que personne la valeur des termes dans l'une et l'autre langue, a mieux aimé se servir du mot même *canzone* chaque fois qu'il en a trouvé l'occasion, que de le suppléer en français par un équivalent imparfait. Fort de l'exemple et de l'autorité de ce savant critique, j'ai conservé dans ma traduction et dans mes notes la dénomination italienne.

1. Nel corso de' miei anni al segno sono,
   Come saetta ch'al berzaglio è giunta,
   Onde si dee quetar l'ardente foco

Figure poétique et brillante; image presque sensible de

la brièveté de nos jours, et reproduite avec non moins d'éclat et de justesse par l'un de nos plus grands orateurs :

« Cet intervalle qui s'est écoulé depuis votre naissance
« jusqu'à aujourd'hui, ce n'est qu'un trait rapide qu'à peine
« vous avez vu passer. »

(MASSILLON.)

2. Se dei tuo' strali ancor prendesser gioco
   Gli occhi miei vaghi, il cuor timido e molle
   Vorria quel che già volle.

Retour inattendu et naïf; aveu plein de faiblesse, mais bien naturel chez l'homme qui fut sensible aux charmes de la beauté, et dont l'âge ni les tourments prolongés de l'amour n'ont encore pu flétrir le cœur.

L'adjectif *vago*, qui signifie ordinairement *grazioso*, *leggiadro*, est employé ici dans le sens de *bramoso*, *cupido*.

3. Per vie men forza aver stanco ne' guai.

Vie ou *via* a la signification de *molto*, et ne s'emploie qu'avec un comparatif.

C'est comme s'il y avait : *per avere adesso vie men forza di quella che già ebbi, essendo stanco nei guai.*

4. L'anima mia che con la morte parla,
   Seco di se medesma si consiglia,
   E di nuovi pensieri ognor s'attrista,
   E 'l corpo di dì in dì crede lasciarla;

Onde l'immaginato cammin piglia,
Di speranza e timor confusa e mista.

Voici comment M. Biagioli explique ces mots *l'immaginato cammin* :

Il cammin dell' eternità che gli sta presente all' immaginazione.

Cette pensée n'est point neuve par le fond, mais elle l'est assurément ici par la manière dont Michel-Ange a su la développer, et surtout par l'image hardie sous laquelle elle se présente. On y reconnaît le peintre original et sublime du *Jugement dernier*.

5. Che'l pensier della morte
Nel tempo suo, etc.

Par *tempo suo*, il faut entendre l'époque de la vie où cette pensée est convenable, naturelle.

6. . . . . . . Signore ingrato,
Ch' al cuor dai morte, e pietà porti in bocca.

Il serait difficile, ce me semble, de mieux caractériser l'amour, et d'une manière plus concise.

7. Torsi la libertà che sì si stima

Torsi est sous le régime de *ben sare'* (sarebbe) qui se trouve deux vers au-dessus. C'est comme s'il y avait : *ben sarebbe l' alma semplicetta e sciocca di torsi*, ou *se si togliesse la libertà*.

Dans la pensée de l'auteur, l'appréciation d'un tel bien ne peut être restreinte à un état moral déterminé : c'est dans un sens absolu et non relatif, qu'il faut entendre ici le mot *liberté* ; car les idées de Michel-Age sont ordinairement grandes et fécondes. La vie entière de ce célèbre artiste prouve d'ailleurs assez combien son ame fut toujours passionnée pour cette indépendance si favorable au développement du talent et aux conceptions du génie, et par laquelle il sut s'affranchir d'abord de l'influence des écoles et de la crainte des critiques, plus tard, de l'empire de la mode et du joug des protecteurs.

8. Canzon, nata tra'l ghiaccio al fuoco appresso,
   Se incontri Amor, etc.

Cette espèce d'apostrophe ou d'envoi qui termine toutes les *canzoni* italiennes, est ce qu'on appelle la *chiusa* ou finale. Les poètes italiens en adoptèrent l'usage, à l'exemple des troubadours qui l'avaient eux-mêmes imité des Arabes.

Comme ces finales sont en général fort insignifiantes, même chez Pétrarque, nous en remarquerons d'autant plus volontiers celle-ci qui se lie naturellement à tout ce qui précède, et dont le ton est parfaitement conforme au reste de la *canzone*.

ÉPIGRAMME.

Le titre *Epigramma* est plutôt employé ici dans l'acception du grec ἐπίγραμμα, qui veut dire inscription, que dans celle du mot français correspondant, qui signifie aujourd'hui une pensée maligne, ingénieuse et finement aiguisée.

Cette épigramme est assez généralement connue, ainsi que la réponse qu'y fit Michel-Ange. Vasari prétend qu'on n'en sait point le véritable auteur : on s'accorde pourtant à l'attribuer à J.-B. Strozzi, poète du seizième siècle, qui se rendit célèbre par quelques légères productions pleines de finesse et de grace. Ce quatrain, fait pour la statue de la Nuit, l'un des plus beaux morceaux sortis des mains de Michel-Ange, renferme un éloge aussi juste que délicatement exprimé. Tout voyageur ami des arts qui va considérer à Florence cette belle figure, ne peut s'empêcher de répéter avec le poète :

> Destala, se nol credi, e parleratti.

Michel-Ange, flatté de ces vers, répondit, au nom de la Nuit, par un autre quatrain qui vaut pour le moins celui de Strozzi, sous le double rapport de la pensée et de l'expression. Le sentiment en est même fort remarquable, puisqu'il nous montre l'ame de ce grand homme indignée avec raison de l'état d'abaissement et de démoralisation dans lequel tombait déjà sa malheureuse patrie.

> Non mi destar, deh! parla basso

est, au reste, la meilleure réponse qu'on pût faire au vers de Strozzi, que je viens de citer.

ÉPITAPHES.

Michel-Ange, à qui Louis del Riccio*, son ami, avait demandé une inscription pour être gravée sur le tombeau de sa maîtresse, en composa cinq différentes, parmi lesquelles il en est trois remarquables par cette énergie d'expression qui caractérise le style de notre artiste poète.

J'indiquerai surtout le commencement de la deuxième épitaphe,

> Alla terra la terra e l'alma al cielo
> N'ha reso morte.

que Racine fils, si l'on pouvait supposer qu'il eût jamais songé à lire les poésies de Michel-Ange, semblerait avoir voulu traduire par ces deux vers :

> Le corps né de la poudre à la poudre est rendu,
> L'esprit retourne au ciel dont il est descendu.

L'expression *eternar in pietra*, dans le dernier vers du même quatrain, n'est ni moins forte, ni moins vive ; et l'on trouvera sans doute autant de charme que de nouveauté dans celle-ci :

> Poco ebbi il mondo e per sempre il ciel godo.

---

* Voyez pages 73 et 140.

STANCES.

Ces stances furent trouvées parmi d'autres manuscrits de Michel-Ange, après sa mort. Les beautés qu'elles renferment doivent faire vivement regretter que l'auteur n'ait pu compléter son tableau, et y mettre la dernière main. Qui sait même si ce fragment n'était point destiné à faire partie d'un poëme? Michel-Ange, dès sa jeunesse (et cela nous est attesté par Vasari, son disciple et son ami), avait manifesté pour la poésie un goût, que sa passion pour les arts du dessin ne put jamais éteindre*. Dans ses courts moments de repos, il ne se délassait d'un travail que par un travail différent; et, dominé par l'impérieux besoin de donner en quelque sorte la vie à tous ses sentiments, à toutes ses pensées, il employait tour à tour, pour les rendre, le marbre ou la toile ou les vers. Ainsi naquirent ses poésies, que l'on peut regarder comme le complément de ses travaux et de ses idées; comme l'expression de ce que son imagination recueillait hors du domaine de la sculpture et de la peinture. Jusqu'à ses derniers jours, la poésie fut pour lui une amie

---

* Sempre si dilettò molto delle lezioni de' poeti e particolarmente di Dante, che molto lo ammirava ed imitava ne' concetti e nelle invenzioni, così il Petrarca, dilettatosi di far madrigali e sonetti molto belli e gravi sopra i quali s'è fatto comenti.

(Elogio di M. A.)

fidèle qui fit diversion à ses ennuis, et le consola dans ses peines. Retenu au sein des villes par l'exercice de ses sublimes talents, mais appelé vers le séjour des champs par son goût pour la contemplation et son penchant à la mélancolie, il avait cherché du moins à se faire une espèce de solitude champêtre au milieu même de Rome. Possédant au pied du Capitole une jolie maison que tout amateur des arts va visiter encore aujourd'hui avec vénération, il s'était plu à l'orner de tous côtés de vases de fleurs et d'arbustes : flatté par une aimable illusion, il reposait agréablement ses regards sur cette verdure odorante qui serpentait le long des parois et des voûtes de sa modeste habitation. Nous trouvons, d'ailleurs, une preuve de son amour pour l'indépendance de la retraite dans ce passage d'une lettre qu'il écrivait à Vasari : « Je viens d'avoir, mon cher Georges, dans les « montagnes de Spolette un si grand plaisir à visiter les her- « mitages qui s'y trouvent, que je n'ai, pour ainsi dire, ra- « mené à Rome que la moitié de moi-même. Ah! vraiment, « la liberté, la paix et le bonheur n'existent qu'au milieu des « bois*. » Attaqué, sur la fin de ses jours, par l'envie, tourmenté par des tracasseries de cour, combien de fois Michel-Ange ne dut-il pas envier le sort des tranquilles habitants des champs, et se retracer avec délices leur vie exempte des soucis de l'ambition et de la gloire! C'est probablement au

---

* Io ho avuto a questi dì gran piacere nelle montagne di Spoleto a visitare que' romiti, in modo che io son ritornato men che mezzo a Roma; perchè veramente non si trova libertade, pace e contento se non ne' boschi.

(M. A., Lettre à Vasari.)

milieu de ces pensées mélancoliques qu'il composa les stances qui nous restent, et dans lesquelles il a dépeint avec autant de charme que de vérité les mœurs naïves de la campagne; avec autant d'énergie que d'indignation la vie corrompue et l'oisive mollesse des villes.

Ces stances sont remarquables par l'absence de toute recherche dans les pensées, de toute affèterie dans le style; et en cela elles méritent d'autant plus de fixer l'attention, que ces défauts furent ceux de son siècle, époque malheureuse, où, à deux ou trois exceptions près, la masse entière des écrivains, sortant de la route tracée par les grands maîtres de l'antiquité, s'éloigna tout à coup de la vérité, sans laquelle il n'est rien de bon ni de beau dans les lettres, comme dans les arts. Michel-Ange lui-même, malgré l'indépendance et l'originalité de son génie, ne s'était pas entièrement soustrait à l'influence du mauvais goût, et plus d'une fois nous en avons rencontré des traces dans l'examen de ses autres poésies. Mais, sorti de l'ornière des sonnets et des madrigaux, genre dans lequel le premier des modèles, Pétrarque même, s'est trop souvent égaré, nous le voyons abandonner ces idées vagues et ce style maniéré qui caractérisent la poésie *madrigalesque* italienne, pour ne plus chercher que le vrai. Habitué, comme peintre et comme statuaire, à copier fidèlement la nature, il sentit enfin qu'il fallait encore l'imiter comme écrivain.

Plein de la lecture des poètes, Michel-Ange s'empare souvent avec bonheur de quelque expression, de quelque image que lui rappelle sa mémoire, quand elles conviennent à la pensée qu'il veut rendre, ou au tableau qu'il veut retracer. Ainsi, par exemple, on reconnaît facilement, dans les vingt premiers vers de ce fragment, les emprunts qu'il a faits à l'une des plus agréables *Canzoni* de Pétrarque :

> Come 'l sol volge le 'nfiammate rote
> Per dar luogo alla notte, onde discende
> Dagli altissimi monti maggior l'ombra,
> L'avaro zappador l'arme riprende,
> E con parole, e con alpestri note,
> Ogni gravezza del suo petto sgombra;
> E poi la mensa ingombra
> Di povere vivande
> Simili a quelle ghiande
> Le qua' fuggendo tutto 'l mondo onora.
> Ma chi vuol si rallegri ad ora, ad ora,
> Ch' i' pur non ebbi ancor, non dirò lieta,
> Ma riposata un' ora,
> Nè per volger di ciel nè di pianeta.
>
> Quando vede 'l pastor calare i raggi
> Del gran pianeta al nido ove egli alberga,
> E 'mbrunir le contrade d'oriente,
> Drizzasi in piedi, e con l'usata verga,
> Lassando l'erba e le fontane e i faggi
> Move la schiera sua soavemente;
> Poi lontan dalla gente
> O casetta o spelunca
> Di verdi frondi ingiunca;
> Ivi senza pensier s'adagia e dorme.
>
> (Canzone V.)

Mais si le poète d'Arezzo est plus harmonieux, Michel-Ange, ni moins vrai, ni moins exact, a peut-être une simplicité plus touchante et plus convenable au sujet qu'il traite.

1. Dans cette cinquième stance, le poète abandonne le ton simple et les images riantes, pour se livrer tout à coup, et

dans un style plein de force, à des considérations plus élevées; pour attaquer de front l'abus que l'homme fait des dons de la nature; et la vérité morale, qu'il exprime dans le dernier vers, est revêtue de cette forme énergique et concise qui se grave dans la mémoire d'une manière aussi prompte qu'ineffaçable :

> Che 'l tempo è breve e 'l necessario è poco.

2. Color ch' anticamente al secol vecchio
Si trasser fame e sete d'acqua e ghiande
Vi sieno esempio, e scorta, e lume, e specchio,
E freno alle delizie, alle vivande.

Sans doute il serait heureux pour l'homme de reprendre avec cette vie simple et frugale, les mœurs innocentes et les vertus naturelles qui en sont inséparables; mais le mal est trop vieux pour y porter remède, et il est difficile de se persuader aujourd'hui, qu'il soit aussi doux de se nourrir de glands que de mets délicats, d'habiter une étroite cabane qu'une maison commode, et de vivre en peuple pasteur qu'en nation policée et industrieuse. Donnez du gland pour nourriture au plus déterminé philosophe, et vous le verrez mollir à l'épreuve. Autre temps, autres mœurs ! Un grand poète, tant soit peu railleur, a dit plaisamment, mais avec vérité :

> Que ces repas, faits pour le premier âge,
> Sont plus vantés qu'imités par le sage.
> (VOLTAIRE.)

3. Cette stance est fort remarquable à mon avis : le contraste des soucis inséparables de la richesse, avec la gaieté qui accompagne la pauvreté, m'y semble on ne peut pas plus heureusement rendu.

4. L'avere e 'l dar.

On tient encore aujourd'hui, en Italie, les livres de commerce par *dare* et *avere,* comme en France, par *doit* et *avoir.*

5. Fa i conti suoi sulle callose mane.

Mane, employé pour le pluriel de *mano*, n'est plus en usage, même en poésie ; c'est *mani*.

6. E'l dubbio, e 'l forse, e 'l come, e'l perchè rio Nol posson far.

Construisez ainsi : *Non lo* (villanel) *posson far rio.*

7. Che non istan fra loro.

C'est par synthèse que le poète emploie ici le pronom pluriel *loro*, faisant correspondre ce mot avec la pensée plutôt qu'avec le sujet de la phrase (il villanel), qui est au singulier. Voici un exemple analogue, tiré d'Athalie :

Entre *le pauvre* et vous, vous prendrez Dieu pour juge ;
Vous souvenant, mon fils, que caché sous ce lin
Comme *eux* vous fûtes pauvre, et comme *eux* orphelin.

COMPLÉMENT

DU TEXTE.

SONETTI.

I.

Se sempre è solo e un quel sol che muove,
    E tempera, e corregge l' universo,
    Non sempre a noi si mostra per un verso,
    E grazie spande variate e nuove.

A me in un modo, ad altri in altro, e altrove
    Riluce e più e men sereno e terso,
    Secondo l' egritudin che disperso
    Ha l' intelletto alle divine piove.

Così più chiaro splende, e più s' appiglia,
    Donna gentil, tuo volto e tuo valore
    Nel cor ch' è più capace, e vi s' imprime.

Ma se scarsa virtù l' alma ne piglia,
    È che del lume tuo l' alto splendore
    Soverchia 'l vaso, e le mie forze opprime.

II.

La vita del mio amor non è 'l cuor mio;
    Che l' amor di ch' io t' amo è senza cuore
    Là volto ove mortal pieno d' errore
    Affetto esser non può, nè pensier rio.

Amor nel dipartir l' alma da Dio
    Occhio sano me fece, e te splendore,
    Nè sa non rivederlo in quel che muore
    Di te per nostro mal, mio gran desio.

Come dal fuoco il caldo, esser diviso
    Non può 'l bel dall' eterno; e la mia stima
    Esalta chi ne scende, e chi 'l somiglia.

Veggendo ne' tuo' occhi il paradiso,
    Per ritornar là dove io t' amai prima,
    Ricorro ardendo sotto le tue ciglia.

III.

P. Dimmi di grazia, Amor, se gli occhi miei
    Veggono 'l ver della beltà ch' io miro,
    O s' io l' ho dentro il cor, ch' ovunque io giro,
    Veggio più bello il volto di costei.

Tu 'l dei saper, poichè tu vien con lei
    A tormi ogni mia pace, ond' io m' adiro;
    Benchè nè meno un sol breve sospiro,
    Nè meno ardente foco chiederei.

A. La beltà che tu vedi è ben da quella;
   Ma cresce poi ch' a miglior loco sale,
   Se per gli occhi mortali all' alma corre;

Quivi si fa divina, onesta, e bella,
   Come a se simil vuol cosa immortale;
   Questa, e non quella, agli occhi tuoi precorre.

IV.

Mentre ch' alla beltà ch' io vidi in prima
   L' alma avvicino, che per gli occhi vede,
   L' immagin dentro cresce, e quella cede,
   Che in se diffida, e sua virtù non stima.

Amor ch' adopra ogni suo ingegno e lima,
   Perch' io pur viva ancora, a me sen riede,
   E studia l' alma di riporre in sede,
   Che sol la forza sua regge e sublima.

Io conosco i miei danni e 'l vero intendo,
   Che, mentre a mia difesa s'arma Amore,
   M' ancide ei stesso, e più, se più m' arrendo.

In mezzo di due morti ho stretto il cuore,
   Da quella io fuggo, e questa non comprendo,
   E nello scampo suo l' alma si muore.

V.

Ben posson gli occhi miei presso e lontano
    Veder come risplende il tuo bel volto,
    Ma, mentre i passi a te seguir rivolto,
    Spesso le tue bell' orme io cerco invano.

L' anima, l' intelletto intero e sano
    Per gli occhi ascende più libero e sciolto
    All' alta tua beltà, ma l' ardor molto
    Non dà tal privilegio al corpo umano

Grave e mortal, sicchè mal segue poi
    Senza ale aver d' un' angeletta il volo,
    E della vista sol si gloria e loda.

Deh, se tu puoi nel ciel quanto tra noi,
    Fa di mie membra tutte un occhio solo,
    Nè fia parte in me poi che non ti goda.

VI.

Sento d' un freddo aspetto un fuoco acceso,
    Che lontan m' arde e se medesmo agghiaccia,
    Trovo una forza in due leggiadre braccia,
    Che muove senza moto ogni altro peso.

Unico spirto e da me solo inteso,
    Che non ha morte, morte altrui procaccia;
    Veggio e provo chi sciolto il cor m' allaccia,
    E da chi giova sol mi sento offeso.

Com' esser, donna, può che d' un bel volto
   Ne porti 'l mio così contrarj effetti,
   Se mal può chi non ha porgere altrui?

Onde, al mio viver lieto che m' hai tolto,
   Fa forse come 'l sol, se me 'l permetti,
   Ch' accende 'l mondo, e non è caldo lui.

VII.

A che più debbo omai l' intensa voglia
   Sfogar con pianti e con parole meste,
   Se 'l ciel, quando d' affanni un' alma veste,
   Tardi o per tempo mai non ne la spoglia?

A che 'l cor lasso di morir m' invoglia,
   S' altri pur dee morir? Ma ben per queste
   Luci men fian l' estreme ore moleste,
   Ch' ogni altro ben val men ch' una mia doglia.

E però 'l colpo volentier ne involo,
   Non pur non fuggo, e son già destinato
   Esempio nuovo d' infelice duolo.

Se dunque nei tormenti io son beato,
   Maraviglia non è se, inerme e solo,
   Ardito incontro un cor di virtù armato.

VIII.

Perchè le tue bellezze al mondo sieno
   In donna più cortese e vie men dura,
   Credo se ne ripigli la natura
   Tutte quelle ch' ognor ti vengon meno;

E serbi a riformar del tuo sereno
   E divin volto una gentil figura
   In cielo, e sia d'Amor perpetua cura
   Vestirne un cor di grazia e pietà pieno;

E prenda insieme i miei sospiri ancora,
   E le lacrime sparte in uno accoglia,
   E doni a chi quelle ami un' altra volta.

Forse ch' ei, più di me felice, allora
   Lei moverà con la mia propria doglia,
   Nè fia spersa la grazia ch' or m' è tolta.

IX.

Non men pietosa grazia che gran doglia
   Affligge alcun che colpa a morte mena,
   Privo di speme, gelato ogni vena,
   Se vien subito scampo che 'l discioglia

Simil, se tua mercè, più che mai soglia,
   Nella miseria mia d'affanni piena
   Con estrema pietà mi rasserena,
   Par che la vita più che 'l mal mi toglia;

Ch' ogni novella onde trabocchi 'l dolce
  Ch' al duol contrasti, è morte in un momento :
  Che troppo allarga e troppo stringe il cuore.

La tua pietà, ch' amore e 'l ciel quì folce,
  Se mi vuol vivo, affreni il gran contento ;
  Ch' al don soverchio debil virtù muore.

X.

S' AMICO al freddo sasso è il fuoco interno,
  E di quel tratto poi, se 'l circoscrive,
  E l' arde, e sface, in qualche modo ei vive,
  E lega gli altri sassi, e fassi eterno ;

E con quei s' alza al cielo, e state e verno
  Vince, e in più pregio che prima s' ascrive,
  E i venti e le tempeste par che schive,
  E che di Giove i folgori abbia a scherno.

Così, nata di me, se mi dissolve
  La fiamma che m' è dentro occulto gioco,
  Arso e poi spento, aver più vita aspetto ;

Che fatto fumo e risoluto in polve,
  Eterno diverrò 'ndurito al fuoco
  Che due begli occhi accescr nel mio petto.

XI.

Rendete agli occhi miei, o fonte, o fiume,
    L' onde della non vostra salda vena,
    Che più v' innalza e cresce, e con più lena
    Che non è 'l vostro natural costume.

E tu, folt' aria, che 'l celeste lume
    Porgi ai tristi occhi, dei sospir miei piena,
    Rendi questi al cor lasso, e rasserena
    Tua scura faccia, e 'l puro tuò s' allume.

Renda la terra l'orme alle mie piante,
    L' erba, rigermogliando, che l' è tolta,
    Il suono eco infelice a' miei lamenti;

Gli sguardi agli occhi miei tue luci sante,
    Ch' io possa altra bellezza un' altra volta
    Amar, se sdegni i miei desiri ardenti.

XII.

Spirto ben nato, in cui si specchia, e vede
    Nell' alte tue sembianze oneste e care
    Quanto natura, e 'l ciel tra noi può fare,
    Se con un' opra sua l' altr' opre eccede:

Spirto leggiadro, in cui si spera, e crede
    Dentro, come di fuor nel viso appare,
    Amor, pietà, mercè, cose sì rare,
    Che mai furo in beltà con tanta fede.

L' Amor mi prende, e la beltà mi lega,
    La pietà, la mercè dell' alma vista
    Ferma speranza al cor par che ne doni.

Qual legge, o qual decreto invido niega,
    Mondo infedel, vita fallace e trista,
    Che Morte a sì bell' opra non perdoni?

XIII.

Qual meraviglia è se vicino al fuoco
    Mi strussi ed arsi, se, poi ch' egli è spento,
    M' affligge sì, che consumar mi sento,
    E in cener mi riduce a poco a poco?

Già vedea ardendo sì lucente il loco
    Onde pendeva il mio grave tormento,
    Che sol la vista mi facea contento,
    E morte e strazj m' eran festa e gioco.

Ma poichè dell' incendio lo splendore,
    Che m' ardeva e nutriva, il ciel m' invola,
    Un carbon resto acceso e ricoperto;

E, s' altre legne non mi porge amore,
    Che levin fiamma, una favilla sola
    Non fia di me, se in cener mi converto.

XIV.

Dell' aspra piaga del pungente strale
    La medicina era passarmi 'l cuore;
    Che proprio è ciò dell' amoroso ardore,
    Crescer la vita dove cresce il male.

Ma se 'l suo colpo in pria non fu mortale,
    Seco un messo di par venne da Amore,
    Dicendomi: chi ama, qual chi muore,
    Non ha da gire al ciel dal mondo altr' ale.

Io son colui che ne' primi anni tuoi
    Gli occhi tuoi infermi volsi alla beltade,
    Che dalla terra al ciel vivo conduce.

Ora il confermo e 'l giuro; e non t' annoi
    D' ammirarla ognor più, che vecchia etade
    Vie più nel suo viaggio uopo ha di luce.

XV.

Se nei primi anni aperto un lento e poco
    Ardor distrugge in breve un verde cuore,
    Che farà chiuso poi, nell' ultim' ore,
    D' un più volte arso un insaziabil fuoco?

Se 'l corso di più tempo dà men loco
    Alla vita, alle forze, e al valore,
    Che farà a quel che per natura muore,
    D' amor la fiamma ond' io tutto m' infoco?

Già nell' incendio suo cenere farsi
    L' egro ed afflitto cuore ho nel pensiero,
    E 'l vento il muova, e lo sollevi e furi.

Se verde in picciol fuoco io piansi e arsi,
    Che, secco omai, in un sì grande spero
    Che l' alma al corpo lungo tempo duri?

XVI.

Quando il guerriero Amor si rappresenta
    All' alma, ch' al suo ardir chiude le porte,
    Fra l' uno e l' altra s' interpon la morte,
    E quel più scaccia com' più mi spaventa.

Ella, che sol per morte esser contenta
    Spera, rincorre ogni amorosa sorte :
    L' invitto Amor con le sue oneste scorte
    A sua difesa s' arma, e s' argomenta.

Morir, dice ei, si dee pur una volta;
    Si mora, sì, ma chiunque amando muore,
    L' alma nel suo partir rende più adorna;

Perchè dai lacci della carne sciolta,
    S' è calamita del divino ardore,
    Purgata in fuoco, a Dio più lieve torna.

XVII.

Perchè sì tardi, e perchè non più spesso
    Questo possente mio nobile ardore
    Mi solleva da terra, e porta il core
    Dov' ir per sua virtù non gli è concesso?

Forse ch' ogni intervallo n' è permesso
    Dall' alta provvidenza del tuo amore,
    Perch' ogni raro ha più forza e valore,
    Quant' è più desiato e meno appresso?

La notte è l' intervallo e 'l dì la luce,
    L' una m' agghiaccia il cuor, l' altra m' infiamma,
    D' amor, di fede, e di celesti rai:

Onde, se rimirar come riluce
    Potessi il fonte ognor della mia fiamma,
    Chi di più bello incendio arse giammai?

XVIII.

Al cor di zolfo, alla carne di stoppa,
    All' ossa che di secco legno sieno,
    All' alma senza guida e senza freno,
    Al desir pronto, alla vaghezza troppa,

Alla cieca ragion debile e zoppa,
    Fra l' esche tante di che 'l mondo è pieno,
    Non è gran meraviglia in un baleno
    Arder nel primo fuoco che s' intoppa.

Ma non potea se non somma bellezza
    Accender me, che da lei sola tolgo
    A far mie opre eterne lo splendore.

Vidi umil nel tuo volto ogni mia altezza;
    Rara ti scelsi, e me tolsi dal volgo;
    E sia con l'opre eterno anco il mio amore.

XIX.

Se 'l molto indugio spesso a più ventura
    Mena il desio, che l'affrettar non suole,
    La mia, negli anni assai, m'affligge e duole:
    Che 'l gioir vecchio picciol tempo dura.

Contrario è al ciel, contrario alla natura
    Arder nel tempo ch'agghiacciar si suole,
    Com' io per donna; onde mie triste e sole
    Lacrime peso con l'età matura.

Ma, lasso! ancor ch'al fin del giorno io sia
    Col sol già quasi oltr' all' occaso giunto,
    Fra le tenebre folte e 'l freddo rezzo,

S' amor ci 'nfiamma sol a mezza via,
    Forse ch'amor, così vecchio e consunto,
    Fia che ritorni gli ultimi anni al mezzo.

XX.

S' i' avessi pensato al primo sguardo
    Di questo ardente mio terreno sòle
    Me rinnovar, come fenice suole,
    Arso prima sarei com' ora i' ardo.

E qual veloce cervo o lieve pardo,
    Che cerca scampo e fugge quel che duole,
    Agli atti, al riso, all' oneste parole
    Sarei corso anzi, ond' or son pigro e tardo.

Ma perchè pur dolermi, poich' io veggio
    Negli occhi di quest' angel divo e solo
    Mia pace, mio riposo, e mia salute?

Ardere in gioventute era 'l mio peggio,
    Incauto e cieco, e, sè stanco alzo 'l volo,
    L' ali m' impenni sua gentil virtute.

XXI.

Col fuoco il fabro industre il ferro stende
    Al concetto suo nuovo e bel lavoro,
    Nè senza fuoco alcuno artista l' oro
    Al sommo grado raffinando rende.

Nè l'unica fenice se riprende,
    Se non prima arsa; onde, s' ardendo moro,
    Spero più chiaro sorger tra coloro
    Che morte accresce, e 'l tempo non offende.

Dolce mia morte, e fortunata arsura,
    Se, in cener me converso a poco a poco,
    Più non vivrò fra 'l numero de' morti,

O pur s' al cielo ascende per natura
    Tale elemento, allor cangiato in fuoco
    Fia che diritto al ciel seco mi porti.

XXII.

Per ritornar là d' onde venne fuora
    L' immortal forma, al suo carcer terreno
    Come angel venne, e di pietà sì pieno,
    Che sana ogni intelletto, e 'l mondo onora.

Questa sol m' arde, e questa m' innamora,
    Non pur di fuor, che 'l tuo lume sereno
    Sveglia amor non di cosa che vien meno,
    Ma pon sua speme ove virtù dimora.

E se talor tua gran beltà ne muove,
    È 'l primo grado da salir al cielo,
    Onde poi grazia agli altri s' apparecchi.

Nè Dio se stesso manifesta altrove
    Più che in alcun leggiadro mortal velo,
    Dov' occhio sano in sua virtù si specchi.

XXIII.

Veggio nel volto tuo col pensier mio
    Quel che narrar non puossi in questa vita;
    L' anima, della carne ancor vestita,
    Bella e viva è più volte ascesa a Dio.

E se 'l vulgo malvagio, sciocco, e rio
    Di quel che sente altrui segna e addita,
    Non m' è l' intensa voglia men gradita,
    L' amor, la fede, e l' onesto desio.

A quel pietoso fonte, onde siam tutti,
    S' assembra ogni beltà che quà si vede
    Più ch' altra cosa dalle menti accorte.

Ned altro saggio abbiam, ned altri frutti
    Del cielo in terra; e chi t' ama con fede
    Si leva a Dio, e fa dolce la morte.

XXIV.

Poscia ch' appreso ha l' arte intera e diva
    D' alcun la forma e gli atti, indi di quello,
    D' umil materia, in semplice modello
    Fa il primo parto, e 'l suo concetto avviva

Ma nel secondo in dura pietra viva
    S' adempion le promesse del martello,
    Ond' ei rinasce, e, fatto illustre e bello,
    Segno non è che sua gloria prescriva.

Simil di me model nacqu' io da prima,
    Di me model, per opra più perfetta
    Da voi rinascer poi, donna alta e degna.

Se il men riempie, e 'l mio soperchio lima
    Vostra pietà, qual penitenza aspetta
    Mio cieco e van pensier se la disdegna?

XXV.

La nuova alta beltà che in ciel terrei
    Unica, non che al mondo iniquo e fello,
    Al mondo cieco, ch' a virtù ribello
    Non vede lo splendor ch' esce di lei,

Per voi sol nacque, e finger non saprei
    Con ferro in pietra, in carte con pennello
    Divin sembiante, e voi fermare in quello
    Vostro diletto sol pensar dovrei.

E se, in guisa che 'l sole ogni altra stella
    Vince, ella avanza l' intelletto nostro,
    Il mio sì basso stil non vi aggiugnea.

Dunque acquetar nella beltà novella,
    Da Dio formata, l' alto desir vostro
    Ei solo, ed uom non mai, fare il potea.

XXVI.

Io ho già fatto un gozzo in questo stento,
    Come fa l' acqua ai gatti in Lombardia,
    Ovver d' altro paese che e' si sia,
    Ch' a forza il ventre appica sotto il mento.

La barba al cielo, e la memoria sento
    In su lo scrigno, e 'l petto fo d' arpia,
    E 'l pennel sopra 'l viso tuttavia
    Vi fa gocciando un ricco pavimento.

I lombi entrati mi son nella peccia,
    E fo del cul per contrappeso groppa,
    E i passi senza gli occhi muovo invano.

Dinanzi mi si allunga la corteccia,
    E per piegarsi addietro si raggroppa,
    E tendomi com' arco soriano.

    Però fallace e strano
Sorge il giudizio che la mente porta,
Che mal si trae per cerbottana torta.
    La mia pittura morta
Difendi or tu, Giovanni, e 'l mio onore,
Sendo il luogo non buono, io non pittore.

MADRIGALI.

I.

S' EGLI è che d' uom mortal giusto desio
      Porti dal mondo a Dio,
  Principio eterno, alcuna cosa bella,
  Tale esser credo, il mio, però che quella
  Donna, per cui ogni altra cosa obblio,
  Opra ammiro gentil del suo fattore,
  Nè d' altro, amando, ella sel vede, ho cura.
      Ned è gran meraviglia,
Perch' effetto non è del valor mio
      Se l' alma per natura,
Che per gli occhi invaghita scende fuore,
S' appoggia agli occhi a cui si rassomiglia,
E per quelli ascendendo al primo amore,
Come a suo fin, loro ammirando onora;
Ch' amar dee l' opra chi 'l suo fabbro adora.

II.

All' alto tuo lucente diadema,
 Per la strada erta e lunga,
 Non è, donna, chi giunga,
S' umiltà non vi apponi e cortesia.
Tuo salir cresce, e 'l mio valore scema,
E la lena mi manca a mezza via.
 Che tua beltà pur sia
Superna, perch' al cor diletto renda,
Ch' è d' ogni rara altezza avido e vago,
Bramo; ma, se dell' alma leggiadria
Debbo gioir, convien ch' ella discenda
Là dove aggiungo, e dove sol m' appago.
Nè sdegno incontro a me, donna, ti prenda,
 S' alzar non sommi a sì sublime stato;
E perdona a te stessa il mio peccato.

III.

In te me veggio, e di lontan mi chiamo
 Per appressarmi al cielo onde derivo,
 E per le spezie a te mi' esca arrivo,
Come pesce per fil tirato all' amo.
E perchè, come nato, viver bramo,
Se diviso il mio cuore è scarso pegno
Di vita, a te n' ho date ambe le parti,
Ond' io resto, e tu 'l sai, niente o poco.
E s' un' alma infra due tende al più degno,
Vago ognor più del mio beato fuoco,
M' è forza, s' io vo' viver, sempre amarti.

IV.

Siccome per levar, donna, si pone
    In salda pietra dura
    Una viva figura,
Che là più cresce u' più la pietra sceme;
Tai, s'opre in me son buone,
Nell anima ch' oppressa il suo fin teme,
Cela il soperchio della propria carne
Con l' inculta sua vile e dura scorza.
    Ma tu dalle mie estreme
    Parti quel puoi levarne,
Che lega in me ragion, virtute, e forza.

V.

Un nume in una donna, anzi uno dio,
    Per la sua lingua parla;
    Ond' io per ascoltarla
Sì mi trasformo, ch' io non son più mio.
    Or veggio ben, poi ch' io
    A me da lei fui tolto,
Quanto a mio danno a me stesso fui caro;
E così imparo aver di me pietate.
    D' un in altro desio
    Sì m' innalza il bel volto,
Ch' io veggio morte in ogni altra beltate.
    O donna, che passate
Per acqua e fuoco l' alme ai lieti giorni,
Deh fate ch' a me stesso io più non torni.

VI.

Quanto più fuggo ed odio ognor me stesso,
    Tanto a te, donna, con verace speme
        Ricorro, e vie men teme
    L' alma per me, quanto a te son più presso.
        A quel che 'l ciel promesso
        M' ha nel tuo volto aspiro,
E ne' begli occhi tuoi pieni di pace.
        Ben mi si mostra spesso,
        Mentre in lor questi giro,
Da quel ch' io spero in lor tuo cor fallace.
        Luci non mai vedute,
E da non mai veder quant' è 'l desio,
        Deh, quando in voi rimiro,
Come lo sguardo, ancor per mia salute
Venga e s' incontri il vostro cuor col mio.

VII.

Natura ogni valore,
    Ogni bellezza in donna ed in donzella
    Pose, a far di se prova, insino a quella
Ch' oggi in un punto m' arde e agghiaccia il cuore.
        Dunque al mio gran dolore
Non sofferse simile uomo alcun mai
        Dolor, che 'l pianto e i guai
Han da maggior cagion più grave effetto.
        Così poi nel diletto,
        E nella gioia mia
Non fu più di me lieto alcun, nè fia.

VIII.

Quanto più par che maggior duolo io senta,
    Se col viso vel mostro,
Senza trovar mercè, più par ch' al vostro
Beltà s'aggiunga, e 'l duol dolce diventa.
    Ben fa chi mi tormenta,
    Se in parte vi fa bella
    Della mia pena ria.
    Se 'l mio mal vi contenta,
    Mia dolce e fiera stella,
Che farà dunque con la morte mia?
    Ma s' è pur ver che sia
Vostra beltà dall' aspro mio martire,
    E sol manchi il morire,
Morend' io, morrà vostra leggiadria.
    Fate che 'l duolo stia
Mai sempre vivo per men vostro danno.
Ma se più bella al maggior mio mal sete,
Non ha l' anima mia più dolce quiete;
Ch' un gran piacer sostiene un grande affanno.

IX.

Porgo umilmente all' aspro giogo il collo,
    Il volto lieto alla fortuna ria,
    Ed alla donna, mia
Nemica, il cor di fede e foco pieno.
    Nè dal martir mi crollo,

Anzi ognor temo non mi venga meno;
Ma se 'l tuo sguardo, or rigido or sereno,
Cibo e vita mi fa d'un gran martire,
Quando, donna, giammai potrò morire?

X.

Non mi posso tener, nè voglio, Amore,
　　Crescendo il tuo furore,
　　Ch' io non te 'l dica e giuri:
　　Quanto più inaspri e induri,
A più virtù l' alma consigli e sproni;
　　E, se talor perdoni
Alla mia morte, agli angosciosi pianti,
　　Come colui che muore,
　　Dentro mi sento il cuore
Mancar, mancando i miei tormenti tanti.
　　Occhi lucenti e santi,
Nei miei dolci martir per voi s' impara
Com' esser può talor la morte cara.

XI.

Negli anni molti e nelle molte prove,
　　Cercando, il saggio al buon concetto arriva
　　　D'una immagine viva,
Vecchio e già presso a morte, in pietra dura.
　　Similmente natura,
Di tempo in tempo, e d' uno in altro volto,
S'al sommo, errando, di bellezza è giunta,

Nel tuo divino è vecchia e dee perire.
 Onde la tema molto
 Con la beltà congiunta
Di stranio cibo pasce il mio desire.
 Nè so pensar nè dire
Qual nuoca, o giovi più, visto il tuo aspetto,
O 'l fin dell' universo, o 'l gran diletto.

XII.

S' AVVIEN talor che in pietra un rassomigli,
 Per fare un' altra immagine, se stesso,
  Squallido e smorto, spesso
 Esprimo io me che tal son per costei.
  E par che sempre io pigli
 L' immagin mia, ch' io penso di far lei.
  Ben il sasso potrei,
Di che ella è esempio, dir ch' a lei s'assembra:
  Ma non giammai saprei
Altro scolpir che le mie afflitte membra.
  Ma, se l' arte rimembra
Viva una gran beltà, ben dovrebb' ella
Far lieto me, perch' io lei faccia bella.

XIII.

QUESTA mia donna lusinghiera, ardita,
 Allorch' ella m' uccide, ogni mio bene
 Con gli occhi mi promette, e parte tiene
 Il crudel ferro dentro alla ferita;
  E così morte e vita

Contrarie insieme in un breve momento
　　Dentro all' anima sento;
　　Ma la gioia e 'l tormento
Minaccia morte egual per lunga prova;
Ch' assai più nuoce il mal che 'l ben non giova.

XIV.

Se dal cor lieto divien bello il volto,
　　E dal tristo difforme,
　　E s' a distinguer molto
　　Fatti fur gli occhi miei
　　Della mia chiara stella
Il bel dal bel con sue diverse forme,
　　In danno suo costei,
　　Sovra le belle bella,
Mi fa doglioso, e il prende in gioco, e spesso
Dicemi che 'l pallor mio dal cor viene.
Che s' è natura altrui pinger se stesso,
Ed in ogni opra palesar l' affetto,
　　Mentr' io dipingo lei,
Qual la farò s' afflitto ella mi tiene?
　　Rasserenimi 'l petto,
Ed io la ritrarrò col viso asciutto,
Lei farò bella, e in me scemerò 'l brutto.

XV.

Se in donna alcuna parte è che sia bella,
　　Quantunque altre sien brutte,
　　Debb' io amarle tutte,
Nutrito dal piacer ch' io trovo in quella?

La parte men gradita, che s' appella
　　Alla ragion, pur vuole,
Mentre l'intera gioia per lei s' attrista,
Che l'innocente error si scusi ed ami.
　　Amor che mi favella
　　Della noiosa vista,
　　Com' irato dir suole,
Che nel suo regno non si vuol richiami.
　　E 'l ciel pur vuol ch' io brami
Quel che non piace, perchè in voglia umana
L' uso, amandosi 'l bello, il brutto sana.

XVI.

Dal primo pianto all' ultimo sospiro,
　　Al qual son già vicino,
Chi contrasse giammai sì fier destino,
Com' io da sì benigna e chiara stella?
　　Non dico iniqua e fella,
Che 'l meglio fora in vista ed in aspetto
　　Empia averla, e l'effetto
Provar felice. Che, se più la miro,
Vie più pietà con dispietato cuore
　　Promette al mio martiro.
Ma per sì bello e sì alto splendore
　　Vincami pur amore;
E mi fia gloria nel gradito lume,
Per farmi eterno, incenerir le piume.

XVII.

Quella pietosa aita
Che teco adduci con gli sguardi insieme,
Per le mie parti estreme
Sparge dal cuor gli spirti della vita;
Sicchè l' alma, impedita
Nel suo natural corso,
Pel subito gioir da me diparti.
Poi l' aspra tua partita,
Per mio tristo soccorso,
M' è morte, accolti al cuor gli spirti sparti;
S' a me veggio tornarti,
Dal cuor di nuovo dipartir gli sento;
Onde in mio gran tormento,
E l' aita e l' offesa m' è mortale,
Nè so qual sia peggior l' aita o 'l male.

XVIII.

La mercè tua e la fortuna mia
Hanno, donna, sì vari
Gli effetti, perch' io 'mpari
Infra 'l dolce e l' amar qual mezzo sia.
Mentre benigna e pia
Dentro, e di fuor ti mostri
Quanto se' bella al mio ardente desire,
La fortuna aspra e ria,

Nemica ai piacer nostri,
Con mille oltraggi offende il mio gioire.
Se per avverso poi da tal martire
    Si piega alle mie voglie,
    Tua pietà mi si toglie;
Ma fra 'l riso e fra 'l pianto, in tali estremi,
Mezzo non veggio ch' un gran duolo scemi.

XIX.

Se l' alma è ver che, dal suo corpo sciolta,
    In alcun altro torni
    Ai nostri brevi giorni,
Per vivere e morire un' altra volta,
    La donna che m' ha tolta
La vita ed ha sepolti i desir miei,
Fia poi, com' or, nel suo tornar sì cruda?
    Se mia ragion s' ascolta,
    Attender la dovrei
Di grazia piena e di durezza ignuda.
    Credo, s' avvien che chiuda
Gli occhi suoi belli, avrà, come rinnova,
Pietà del mio morir, se morte prova.

XX.

    L' alma che sparge e versa
    L' acque di fuori interne,
    Il fa sol perch' eterne
Sian quelle vive fiamme in ch' è conversa.

Ogni altra aita, ogni virtù dispersa,
　E ogni mio valore
　Sarìa, se 'l pianger sempre
　Non lasciasse al mio ardore
Il core in preda, ancor che vecchio e tardo.
Mia dura sorte, e mia fortuna avversa
　È di sì stranie tempre,
Che vita accresco là dove più ardo;
　Tal che 'l tuo acceso sguardo,
Di fuor piangendo, dentro circoscrivo,
E di quel ch' altri muor sol godo e vivo.

XXI.

Perchè pur d' ora in ora mi lusinga
　La memoria degli occhi, e la speranza
　Per cui non sol son vivo ma beato,
　La forza e la ragion par che ne stringa,
　Amor, natura, e la mia antica usanza
　Mirarti tutto 'l tempo che m' è dato.
　　E s' io cangiassi stato,
　　Ove non fosser quelli,
　Se vita ho in questo, in quell' altro morrei.
　　Occhi sereni e belli,
　Chi 'n voi non vive, non è nato ancora;
　　E chiunque nasce poi
　Forza è che nato subito si mora,
　Lumi celesti, s' ei non mira voi.

XXII.

Se 'l timor della morte,
    Chi 'l fugge e scaccia sempre,
Lasciar colà potesse ond' ei si move,
    Amor crudele e forte
    Con più tenaci tempre
D'un cor gentil faria spietate prove.
    Ma perchè l'alma altrove
Per morte e grazia al fin gioire spera,
    Cui non può non morir gli è 'l timor caro,
    Al quale ogni altro cede.
    Nè contro all' alte e nuove
    Bellezze in donna altera
    Ha forza altro riparo,
Che schivi suo disdegno o sua mercede.
    Io giuro a chi no 'l crede,
Che da costei, che del mio pianger ride,
Sol mi difende e scampa chi m' uccide.

XXIII.

Se in una pietra viva
Al par degli anni il volto di costei
    L' arte vuol che quì viva;
Che dovria dunque fare il ciel di lei,
Sendo mia quella, e questa sua fattura,
    Non già mortal, ma diva

Al mondo ancor, non pure agli occhi miei?
E pur si parte, e picciol tempo dura.
Dal lato destro è zoppa sua ventura,
S' un sasso resta, e costei morte affretta.
　　Chi ne farà vendetta?
Natura pur, se dei suoi figli sola
L' opra quì dura, e la sua 'l tempo invola.

XXIV.

Ancorchè 'l cor più volte stato sia
　　D' amor acceso, e da' tropp' anni spento,
　　Perchè l' ultimo mio d' amor tormento
Saria mortal senza la morte mia,
　　L' anima pur desia,
Sgombrando il sen dell' amorosa vampa,
L' ultimo quì primier nell' altra corte.
　　Altro refugio o via
　　Mia vita non iscampa
Del suo morir, che la propinqua morte,
A me pur dolce, a molti amara e forte.

XXV.

Non altrimenti rapido cammina,
　　Ch' io mi faccia, alla morte
　　Chi verso le sue porte
Per disperata infermitade è volto.
　　Già m' è morte vicina,
　　Nè per questo mi lassa,

Dentro i suoi lacci involto,
   Amor posare un' ora.
Fra due perigli, ov' io mi dormo e veglio,
Stral di tema mortal l' alma mi passa,
   E terribil m'accora,
E l' altro così m' arde stanco e veglio;
Ma pur più temo, Amor, che co' tuo' sguardi
M' ancida pria che morte o non più tardi.

XXVI.

   Già vecchio e d' anni grave
Nell' antico desio torno e rientro,
   Siccome peso al centro,
Che fuor di quel riposo alcun non have.
   Il ciel porge la chiave,
   Amor la volge e gira,
Ed apre ai giusti il petto di costei.
   Le voglie inique e prave
   A me vieta, e mi tira,
Già stanco e vil, tra i rari e semidei.
   Grazie vengon da lei
Istranie, e dolci, e di cotal valore,
Che per se vive chiunque per lei muore.

XXVII.

   Perchè l' età ne invola
   Il desir cieco e sordo,
   Con la morte m' accordo,
Stanco e vicino all' ultima parola.

Tema di morte sola,
Ch' al mio stato provvede,
Come da cosa perigliosa e vaga,
Dal tuo bel volto, donna, m' allontana.
Amor, ch' al ver non cede,
Di nuovo il cor m' appaga
Di nobil speme, e non per cosa umana
Mi promette avvampar; fiamma d' amore
E mortal giel guerreggian del mio cuore.

XXVIII.

Amor la morte a forza
Del pensier par mi scacci,
E intempestivo impacci
L' alma che, senza, saria più contenta.
Caduto è 'l frutto, e secca è già la scorza,
E par ch' amaro ogni mio dolce io senta.
E m' annoia e tormenta
Nell' ultim' ore e corte
Infinito piacere in breve spazio.
Pure, Amor, ti ringrazio,
Che in questa età, s' io muoio per tal sorte,
M' ancide tua mercede e non la morte.

XXIX.

Perch' è troppo molesta,
Ancor che dolce sia,
Grazia talor ch' un' alma legar suole;
Mia libertà di questa

  Vostr' alta cortesia
Più che d'un furto si lamenta e duole;
  E com' occhio nel sole
Disgrega sua virtù, che pur dovrebbe
Trar maggior luce quindi ove gioisce,
In tal guisa il desio, benchè il console
Quella mercè che in me da voi sì crebbe,
  Si perde e si smarrisce.
Poca virtù per molta s'abbandona;
  Nuoce chi troppo dona;
Ch' Amor gli amici vuole, onde son rari,
E di fortuna e di virtute pari.

XXX.

Per non si avere a ripigliar da tanti
  Per morte la beltà pura e sincera,
   A nobil donna altera
Prestata fu sott' un candido velo;
Che se in tutti l'avesse sparsa quanti
Sono i mortali, a se ritrarla il cielo
E rimborsarsi poi non ben potea.
Da questa, se dir lice, mortal Dea,
Se l'ha ripresa, e tolta agli occhi nostri.
  Già non ponno in obblio,
  Benchè l' mortal sia morto,
Porsi i dolci leggiadri e sacri inchiostri.
Ma spietata pietà par che ci mostri
Che, se 'l cielo a ciascun porgeva in sorte
Partitamente la beltà di lei,
Per riaverla poi da noi per morte,
Saremmo or tutti noi di morte rei.

XXXI.

Costei pur si delibra,
   Indomita e selvaggia,
   Ch' io arda, mora, e caggia
Per quel ch' a peso non è pur un' oncia;
   E 'l sangue a libra a libra
Mi svena, e sfibra, e 'l corpo e l' alma sconcia.
   Gode ella, e si racconcia
   Al suo fidato specchio,
Ove si vede eguale al paradiso;
E fatta altera, volta a me, mi concia
Sì stranamente, ch' oltre all' esser vecchio,
Mentre seco mi veggio in quel cristallo,
Più 'l mio difformo per troppa paura,
E più fo parer bello il suo bel viso.
   Ma pur, benchè conquiso,
Godo de' miei sembianti il natío fallo;
E l' esser brutto stimo gran ventura,
S' io vinco a farla bella la natura.

XXXII.

Mentre i begli occhi giri,
   Donna, ver me da presso,
   Tanto veggio me stesso
In lor, quanto nei miei te stessa miri.
Dagli anni stanco, e vinto dai martiri,
Qual io son quelli a me rendono in tutto,

Tu ne' miei, qual tu se', splendi una stella.
    Ben par che 'l ciel s' adiri,
Che 'n sì begli occhi io mi veggia sì brutto,
Tu ne' miei brutti ti veggia sì bella.
    Nè men crudele e fella
    Dentro è ragion, ch' al core
    Per lor mi passi, e in quella
    Dei tuoi mi serri fuore;
    Perchè 'l tuo gran valore
A quel ch' è men di se cresce durezza,
E 'l varco in te mi chiude, acciocch' io 'mpari
Ch' amor richiede età pari, e bellezza.

———

STANZE.

I.

CREDO che 'l ciel mi ti mettesse in petto
    Per nutrimento proprio di mia vita,
    Perch' a mirar il tuo divino aspetto
    Uno stimol perpetuo m'incita,
    E tanto piacer n' ho, tanto diletto,
    Ch' io paio il ferro, e tu la calamita;
    Vengoti a incontrar sempre col desio,
    Con quel ti prendo e stringo nel cuor mio.

II.

Per gli occhi ti ricevo, e in me ti spargo
    Come grappol d' agresto in una ampolla,
    Che sotto il collo cresce ov' è più largo,
    E vi rigonfia com' una midolla.
    Poich' io t' ho dentro al cuor, col cuor m' allargo
    Quanto quel di tua immagin si satolla;
    Nè mi puoi d'onde entrasti uscir del petto,
    S' entro vi cresci, e l' occhio è tanto stretto.

III.

Come quand' entra in una palla il vento,
 Che 'l medesimo fiato l' animella,
 Come l' apre di fuor, serra di drento;
 Così l' immagin del tuo volto bella
 Per gli occhi in mezzo all' alma venir sento
 E, passata colà, chiudersi in quella;
 E qual palla da pugno, al primo balzo,
 Percosso da' tuoi sguardi al ciel poi m' alzo

IV.

Io m' alzo al ciel, ma senza il tuo sostegno
 In precipizio al fin cadrò mortale.
 Che sovra il mio desio debil m' attegno,
 Se di tua grazia non mi reggon l' ale.
 Proprio valor, natía virtù d' ingegno,
 Se non m' affidi tu, nulla mi vale;
 Che quanto co' tuo' sguardi vo più alto,
 Più grave fia senza il tuo aiuto il salto.

V.

Deh! se e' non basta ad una donna bella
 Goder del vanto d' un amante solo,
 Perchè priva di lui perderebb' ella
 La fama che in beltà l'innalza a volo,
 Non spregiare anche me, gentil donzella,
 Nè sia premio al mio amor tormento e duolo:
 Che per un solo sguardo il sol non gira,
 Ma per ogni occhio san che in lui rimira.

VI.

Forzato io sono ognor di seguitarti,
    E di sì bella impresa io non mi pento;
    E se tu non mi stimi un uom da sarti,
    O un fantoccio senza sentimento,
    E se dalla ragion tu non ti parti,
    Spero ch' un dì tu mi farai contento;
    Che 'l morso il lusingar toglie ai serpenti,
    Come l' agresto ch' alleghi altrui i denti.

VII.

Non passa notte mai, non passa giorno
    Ch' io non ti scorga e senta con la mente,
    Nè scaldar mai si può fornace o forno,
    Ch' un mio sospir non fusse più cocente;
    E quando avvien ch' io mi ti vegga intorno
    Sfavillo come ferro in fuoco ardente.
    E tanto vorrei dir che per la fretta
    Del favellar s' incocca la saetta.

VIII.

Io sento dentro al cuor sì grande ardore,
    Che volendo esalar s' alza alle stelle;
    E mentre pullulando uscir vuol fuore,
    Per mille vie mi bucherà la pelle;
    E s' a te vo' ridir qual sia il mio amore,
    Con pena ogni parola mi si svelle;
    Ch' amor, siccome l' anime incatena,
    Le voci arresta e 'l favellare affrena.

IX.

S' accade mai che tu mi rida un poco
    O saluti, o sia grazia, o scherno sia,
Mi levo come polvere per fuoco
    O d'archibuso ovver d'artiglieria,
E immantinente, fuor di me, m'affioco,
    Perdo la lingua, e la risposta mia
    Si smarrisce e si sperde fra 'l desio,
    E quanto vorrei dire io tutto obblio.

X.

Ma se forza non è contro umiltade,
    Nè crudeltà può star contro all'amore,
    S' ogni durezza suol vincer pietade,
    Consola un dì da vero il mio dolore.
Una nuova nel mondo alta beltade,
    Qual è la tua, dee aver pietoso il cuore;
    Ch' una guaina, ch' è dritta a vedella,
    Non può dentro tener torte coltella.

XI.

S' un giorno io sto che veder non ti posso,
    Non trovo, donna, pace in luogo alcuno:
Se poi ti miro, mi s'appicca addosso,
    Come suole il mangiar fare al digiuno;
E par ch' io mi riabbia, e ingrasso, e ingrosso,
    Tanta sustanza da' tuo' sguardi aduno;
    E in modo tale il cuor ne riconsolo,
    Ch' è più 'l conforto che non era il duolo.

XII.

Io vo pensando al mio viver di prima,
    Innanzi ch' io t' amassi, qual egli era ;
    Di me non fu chi facesse mai stima,
    Perdendo io tutti i giorni insino a sera,
    E non credeva di cantare in rima,
    E di ritrarmi da ogni altra schiera ;
    Or si sa 'l nome, o per tristo o per buono,
    E si sa pure al mondo ch' io ci sono.

NOTE

SUR

VITTORIA COLONNA.

NOTE

SUR VITTORIA COLONNA.

Vittoria Colonna puisa dans l'école de Pétrarque cette correction et cette élégance de style qui distinguent si éminemment ses écrits, et sut y joindre une énergie qui n'est pas ordinaire à son sexe. L'on a déja eu occasion de faire remarquer, dans le cours de cet ouvrage, que cette femme célèbre dut en partie son talent poétique à la vive douleur qu'elle éprouva de la perte de son époux, le marquis de Pescaire*. L'expression de ses regrets et de son affliction devint effectivement le sujet de la plupart de ses sonnets; mais ce qui a véritablement fondé sa réputation dans les lettres, ce sont ses poésies sacrées. Avant elle on ne connaissait guère dans ce genre, en Italie, que quelques pièces fugitives fort médiocres et des cantiques populaires faits pour nourrir la dévotion du vulgaire. Vittoria fut la première, entre tous les poètes de sa nation, qui consacra spécialement ses chants à des sujets pieux; et rien de ce qu'on a fait depuis en Italie, dans le même genre, n'a pu faire oublier le recueil qu'elle a laissé.

* Voyez pages 103, 105, 112, 208, 245.

Il n'y eut toutefois qu'un petit nombre de ses sonnets religieux publiés de son vivant; la collection complète de ses *rime spirituali* ne parut qu'après sa mort.

La première édition en fut faite à Parme, en 1538; il y en eut depuis dix autres, dont les meilleures sont celle de *Ruscelli*, avec un Commentaire de *Corso*, et la dernière publiée à Bergame, en 1760, par *J.-B. Rota*.

Parmi les sonnets que Vittoria Colonna composa en mémoire de son époux, on doit particulièrement distinguer les deux suivants, dont le premier est adressé au célèbre poète et cardinal Bembo, admirateur passionné de l'esprit, des talents et de la beauté de la marquise de Pescaire :

Ahi quanto fu al mio sol contrario il fato,
 Che con l'alta virtù dei raggi suoi
 Pria non v' accese, che mill' anni e poi
 Voi sareste più chiaro, ei più lodato !
Il nome suo col vostro stile ornato,
 Che dà scorno agli antichi, invidia a noi,
 A mal grado del tempo avreste voi
 Dal secondo morir sempre guardato.
Potess' io almen mandar nel vostro petto
 L'ardor ch' io sento, e voi nel mio l'ingegno,
 Per far la rima a quel gran merto eguale !
Che così temo 'l ciel non prenda a sdegno
 Voi, perchè preso avete altro soggetto;
 Me, ch' ardisco parlar d'un lume tale.

Qui fece il mio bel sole a noi ritorno
 Di regie spoglie carco e ricche prede :
 Ahi con quanto dolor l'occhio rivede
 Quei lochi, ov' ei mi fea già chiaro il giorno !

Di mille glorie allor cinto d'intorno
    E d'onor vero alla più altiera sede,
    Facean dell' opre udite intera fede
    L'ardito volto, il parlar saggio adorno.
Vinto da' prieghi miei poi mi mostrava
    Le belle cicatrici, e'l tempo, e'l modo
    Delle vittorie sue tante e sì chiare.
Quanta pena or mi dà, gioia mi dava,
    E in questo e in quel pensier piangendo godo
    Tra poche dolci e assai lagrime amare.

Nous ne rapporterons également ici que deux de ses sonnets religieux ; et nous joindrons au dernier la traduction qu'en a faite Ginguené.

Non de' temer del mondo affanni o guerra
    Colui ch'ave col ciel tranquilla pace,
    Che nuoce il gielo a quel ch' entro la face
    Del calor vero si rinchiude e serra ;
Non preme il grave peso della terra
    Lo spirito che vola alto e vivace ;
    Nè fan biasmo l' ingiurie all' uom che tace,
    E prega più per chi più pecca ed erra ;
Non giova saettar presso o lontano
    Torre fondata in quella viva pietra
    Ch' ogni edificio uman rende securo ;
Nè tender reti con accorta mano
    Fra l' aer basso, paludoso, e scuro
    Contra l' angel che sopra 'l ciel penetra.

Se con l' armi celesti avess'io vinto
    Me stessa, i sensi, e la ragione umana,

> Andrei con alto spirto alta e lontana
> Dal mondo e dal suo onor falso dipinto.
> Sull' ali della fede il pensier cinto
> Di speme omai non più caduca e vana,
> Sarebbe fuor di questa valle insana
> Da verace virtute alzato e spinto.
> Ben ho già fermo l'occhio al miglior fine
> Del nostro corso ; ma non volo ancora
> Per lo destro sentier salda e leggiera.
> Veggio i segni del sol, scorgo l'aurora ;
> Ma per li sacri giri alle divine
> Stanze non entro in quella luce vera.

Si j'avais vaincu, avec des armes célestes, mes sens, ma raison, moi-même, je m'élèverais par mon esprit au-dessus et bien loin du monde et de cet éclat trompeur qui l'embellit.

Alors ma pensée, portée sur les ailes de la foi, et soutenue par l'infaillible espérance, n'apercevrait plus cette vallée de misère.

Mon regard, je l'avoue, est toujours fixé vers le but sublime où je dois tendre ; mais mon vol n'est pas encore aussi direct que je le désire.

Je ne vois que l'aurore et les premiers rayons du soleil, et je ne puis pénétrer jusque dans cette demeure divine où se cache sa lumière véritable.

« Voilà, dit Ginguené, avec quelle vivacité et quelle force « elle peint cette sorte d'élévation mystique à laquelle elle « aspire, et que les platoniciens appelaient mort. » Mais, pour emprunter les paroles mêmes d'un autre écrivain non moins judicieux, c'est peut-être par ces stances à Philiberte de Savoie, épouse de Julien de Médicis, qu'on peut juger le plus favorablement des talents de Vittoria pour la poésie ;

elle y fait voir une facilité, une grace, une richesse, une harmonie de style, qu'aucun de ses contemporains n'a possédées à un plus haut degré; et le charme et la vivacité des images qu'elle y a tracées sont tels, que l'inimitable Arioste est le seul qui ait pu les surpasser. Le lecteur les retrouvera sans doute ici avec plaisir.

STANZE.

I.

Quando miro la terra ornata e bella
    Di mille vaghi e odoriferi fiori;
    E siccome nel ciel luce ogni stella,
    Così splendono in lui vari colori;
    Ed ogni fiera solitaria e snella,
    Mossa da natural istinto, fuori
    De' boschi uscendo e delle antiche grotte
    Va cercando il compagno giorno e notte;

II.

E quando miro le vestite piante
    Pur di bei fiori e di novelle fronde,
    E degli uccelli le diverse e tante
    Odo voci cantar dolci e gioconde;
    E con grato romor ogni sonante
    Fiume bagnar le sue fiorite sponde;
    Talchè di se invaghita la natura
    Gode in mirar la bella sua fattura;

III.

Dico, fra me pensando : quanto è breve
    Questa nostra mortal misera vita;
    Pur dianzi tutta piena era di neve
    Questa piaggia, or sì verde e sì fiorita;
    E d'un aer turbato, oscuro e greve
    La bellezza del ciel era impedita;
    E queste fiere vaghe ed amorose
    Stavan sole fra monti e boschi ascose.

IV.

Nè s'udivan cantar dolci concenti
    Per le tenere piante i vaghi uccelli;
    Che dal soffiar di più rabbiosi venti
    S'atterran secche queste, e muti quelli:
    E si veggion fermar i più correnti
    Fiumi dal ghiaccio, e piccioli ruscelli:
    E quanto ora si mostra e bello e allegro,
    Era per la stagion languido ed egro.

V.

Così si fugge il tempo, e col fuggire
    Ne porta gli anni, e 'l viver nostro insieme:
    Che a noi (colpa del ciel!) di più fiorire,
    Come queste faran, manca la speme.
    Certi non d'altro mai, che di morire,
    O d'alto sangue nati, o di vil seme;
    Nè quanto può donar benigna sorte
    Farà verso di noi pietosa morte.

VI.

Anzi quella crudel ha per usanza
   I più famosi e trionfanti regi,
   Allor ch' hanno di vincere speranza,
   Privar di vita e degli ornati fregi;
   Ne lor giova la regia alta possanza,
   Nè gli avuti trofei, nè i fatti egregi;
   Che tutti uguali in suo poter n' andiamo,
   Nè più di ritornar speranza abbiamo.

VII.

E pur con tutto ciò miseri e stolti,
   Del nostro ben nemici e di noi stessi,
   In questo grave error fermi e sepolti
   Cerchiamo il nostro male e i danni espressi;
   E con molte fatiche e affanni molti,
   Rari avendo i piacer, i dolor spessi,
   Procacciamo di far nojosa e greve
   La vita, che troppo è misera e breve.

VIII.

Quello per aver fama in ogni parte
   Nella sua più fiorita e verde etade
   Seguendo il periglioso e fiero Marte,
   Or fra mille saette e mille spade
   Animoso si caccia, e con nuova arte,
   Mentre spera di farsi alle contrade
   Più remote da noi altri immortale,
   Casca assai più, ch' un fragil vetro e frale.

IX.

Quell' altro, ingordo d' acquistar tesori,
   Si commette al poter del mare infido;
   E di paura pieno e di dolori
   Trapassa or questo, ora quell' altro lido:
   E spesso dell' irate onde i rumori
   Gli fan mercè chiamar con alto grido;
   E quando ha d' arricchir più certa speme,
   La vita perde, e la speranza insieme.

X.

Altri nelle gran corti consumando
   Il più bel fior de' suoi giovanil anni,
   Mentre utile ed onor vanno cercando,
   Sol ritrovano invidia, oltraggi, e danni:
   Mercè d' ingrati principi, che in bando
   Post' hanno ogni virtù, e sol d' inganni
   E di brutta avarizia han pieno il core,
   Pubblico danno al mondo e disonore.

XI.

Altri poi, vaghi sol d' esser pregiati
   E di tener fra tutti il primo loco,
   E per vestirsi d'oro, e giro ornati
   Delle più care gemme, a poco a poco
   Tiranni della patria odiosi e ingrati
   Si fanno, ora col ferro, ora col foco;
   Ma al fin di vita indegni e di memoria
   Son morti, e col morir muor la lor gloria

XII.

Quanti son poi, che divenuti amanti
    Di due begli occhi e d'un leggiadro viso,
    Si pascon sol di dolorosi pianti,
    Da se stesso tenendo il cor diviso:
    Nè gioia, nè piacer sono bastanti
    Trarli dal petto se non finto riso;
    E se lieti talor si mostran fuori,
    Hanno per un piacer mille dolori.

XIII.

Chi vive senza mai sentir riposo
    Lontano dalla dolce amata vista;
    Chi a se stesso divien grave e noioso,
    Sol per un sguardo, o una parola trista.
    Chi da un nuovo rival fatto geloso,
    Quasi appresso al morir si duol, s'attrista.
    Chi si consuma in altre varie pene
    Più spesse assai che le minute arene.

XIV.

E così senza mai stringere il freno
    Con la ragion a questi van desiri,
    Dietro al senso correndo il viver pieno
    Traggono d'infiniti aspri martiri;
    Che tranquillo saria, puro e sereno,
    Se senza passion, senza sospiri,
    Lieti godendo quanto il ciel n'ha dato,
    Vivessono in modesto ed umil stato.

XV.

Come nella felice antica etate,
    Quando di bianco latte e verdi ghiande
    Si pascevan quell' anime ben nate,
    Contente sol di povere vivande.
    E non s' udiva infra le genti armate
    Delle sonore trombe il rumor grande.
    Nè per far l' armi gli ciclopi ignudi
    Battendo risonar facean le incudi.

XVI.

Nè lor porgeva la speranza ardire
    Di poter acquistar fama ed onore;
    Nè per dargli dipoi grave martire
    Con dubbiosi pensier davan timore.
    Nè per mutarsi i regni, o per desire,
    Per soggiogare altrui, gioia o dolore
    Sentivano giammai sciolti di queste
    Umane passion gravi e moleste.

XVII.

Ma senza altri pensier stavan contenti
    Con l' aratro a voltar la dura terra,
    Ed a mirar i suoi più cari armenti
    Pascendo insieme far piacevol guerra:
    Or con allegri e boscherecci accenti
    Scacciavano il dolor, che spesso atterra
    Chi in se l' accoglie, fra l' erbette e fiori
    Cantando or con le ninfe, or co' pastori.

XVIII.

E spesso a' piè d'un olmo, ovver d'un pino
    Era una meta, o termine appoggiato:
    E chi col dardo al segno più vicino
    Veloce dava, era di frondi ornato.
    A Cerer poi le spiche, a Bacco il vino
    Offerivan divoti; e in tale stato
    Passando i giorni lor, serena e chiara
    Questa vita facean misera e amara.

XIX.

Questa è la vita che cotanto piacque
    Al gran padre Saturno, e che seguita
    Fu dai pastori suoi, mentre che giacque
    Nelle lor menti ambizion sopita.
    Ma come poi questa ria peste nacque,
    Nacque con lei l'invidia sempre unita:
    E misero divenne a un tratto il mondo,
    Prima così felice e sì giocondo.

XX.

Perchè dolce più assai era fra l'erba
    Sotto l'ombre dormir queto e sicuro,
    Che ne' dorati letti, e di superba
    Porpora ornati: e forse più ogn' oscuro
    Pensier discaccia, ed ogni doglia acerba,
    Sentir col cor tranquillo, allegro, e puro
    Nell' apparir del sol mugghiar gli armenti,
    Che l'armonia de' più soavi accenti.

XXI.

Beato dunque, se beato lice
    Chiamar, mentre che vive, uomo mortale;
    E se vivendo si può dir felice,
    Parmi esser quel che vive in vita tale,
    Ma esser più desia, qual la Fenice,
    E cerca di mortal farsi immortale:
    Anzi quella che l' uom eterno serba,
    Dolce nel fine, e nel principio acerba;

XXII.

La virtù dico, che volando al cielo
    Cinta di bella e inestinguibil luce,
    Se ben vestita è del corporeo velo,
    Con le fort' ali sue porta e conduce
    Chi l' ama e segue: nè di Marte il zelo
    Teme giammai, che questo invitto duce,
    Spregiato il tempo e suoi infiniti danni,
    Fa viver tal, che morto è già mill' anni.

XXIII.

Di così bel desio l' anima accende
    Questa felice e gloriosa scorta,
    Che alle cose celesti spesso ascende,
    E l' intelletto nostro spesso porta,
    Tal che del Cielo e di natura intende
    Gli alti segreti: onde poi fatta accorta
    Quanto ogn' altro piacer men bello sia,
    Sol segue quello, e tutti gli altri obblia.

XXIV.

Quanti principi grandi, amati, e cari,
    Insieme con la vita han perso il nome!
    Quanti poi vivon gloriosi e chiari
    Poveri nati; sol perchè le chiome
    Di sacri lauri, alteri doni e rari,
    S'ornarono felici: ed ora come
    Chiare stelle nel ciel splendon beati,
    Mentre il mondo starà, sempre onorati!

XXV.

Molti esempi potrei venir cercando,
    De' quali piene son tutte le carte,
    Ch' il Ciel prodotto ha in ogni tempo, ornando,
    Non sempre avaro, or questa or quella parte.
    Ma quanti ne fur mai dietro lasciando,
    E quanti oggi ne son posti da parte,
    Un ne dirò, che tal fra gli altri luce,
    Qual tra ogn' altro splendor di sol la luce.

XXVI.

Dico di voi, e dell' altera pianta,
    Felice ramo del ben nato lauro,
    In cui mirando sol si vede quanta
    Virtù risplende dal mar Indo al Mauro,
    E sotto l'ombra gloriosa e santa
    Non s'impara a pregiar le gemme o l'auro;
    Ma le grandezze ornar con la virtute,
    Cosa da far tutte le lingue mute.

XXVII.

Dietro all' orme di voi dunque venendo,
    Ogni basso pensier posto in obblio,
    Seguirò la virtù, chiaro vedendo
    Essere in lei seguir caro desio,
    Fallace ogn' altro: e così non temendo
    O nemica fortuna, o destin rio,
    Starò con questa, ogn' altro ben lasciando,
    L' anima, e lei, mentre ch' io vivo, amando.

FIN.

TABLE
DES MATIÈRES.

	Pages.
Dédicace	5....
Préface	7....

SONNETS.

	Texte	Notes
Appena in terra i begli occhi vid'io	72....	140
Arder solea dentro il mio ghiaccio il fuoco	38....	108
Ben può talor col mio ardente desio	14....	90
Ben sarian dolci le preghiere mie	64....	132
Carico d'anni e di peccati pieno	52....	125
Come esser, donna, puote e pur se 'l vede	26....	98
Dal mondo scese ai ciechi abissi, e poi	42....	112
Deh! fammiti veder in ogni loco	60....	130
Forse perchè d'altrui pietà mi vegna	54....	127
Fuggite, amanti, amor, fuggite il fuoco	22....	95
Giuto è già 'l corso della vita mia	70....	136
Io di te, falso amor, molti anni sono	50....	123
Io fui già son molti anni, mille volte	46....	120

	Texte.	Not.
La forza d'un bel volto al ciel mi sprona....	6....	84
Mentre m'attrista e duol, parte m' è cara....	58....	130
Molto diletta al gusto intero e sano........	8....	85
Non è colpa mai sempre empia e mortale...	12....	88
Non è più bassa o vil cosa terrena.........	66....	134
Non ha l'ottimo artista alcun concetto......	2....	79
Non so figura alcuna immaginarmi.........	20....	94
Non so se e' s' è l'immaginata luce.........	10....	87
Non vider gli occhi miei cosa mortale.......	4....	81
Passa per gli occhi al cuore in un momento.	16....	91
Per esser manco, alta signora, indegno.....	32....	103
Per la via degli affanni e delle pene........	74....	140
Quando il principio dei sospir miei tanti....	36....	105
Quanto dirne si dee, non si può dire.......	44....	117
Quì intorno fu dove il mio ben mi tolse.....	40....	110
Scarco d'un' importuna e grave salma......	56....	128
Se con lo stile e coi colori avete...........	76....	143
Se 'l fuoco fosse alla bellezza eguale........	30....	102
Se spesso avvien che 'l gran desir prometta...	68....	135
Se nel volto per gli occhi il cor si vede.......	24....	97
Sovra quel biondo crin di fior contesta......	34....	104
S'un casto amor, s'una pietà superna.......	28....	100
Tornami al tempo allor che lenta e sciolta...	48....	121
Veggio co' bei vostri occhi un dolce lume...	18....	92
Vivo al peccato ed a me morto vivo........	62....	131

TABLE. 375

Texte. Not.

MADRIGAUX.

Amor perchè mai forse.................. 174.... 225
Amor se tu se' Dio..................... 176.... 229

Beati voi che su nel ciel godete............ 162.... 216

Chi è quel che per forza a te mi mena...... 146.... 203
Come avrò mai virtute................. 156.... 213
Come può esser ch'io non sia più mio...... 148.... 204
Condotto da molti anni all' ultime ore...... 194.... 243

Il mio rifugio, e l'ultimo mio scampo....... 158.... 214
Io vo misero, ohimè, ne so ben dove. ..... 190.... 239

Mentre che 'l mio passato m'è presente..... 192.... 242

Nel mio ardente desio.................. 200.... 252
Non è senza periglio................... 166.... 220
Non pur la morte ma il timor di quella..... 170.... 222
Non sempre al mondo è si pregiato e caro.. 198.... 247

Occhi miei, siete certi.................. 172.... 224
Ogni cosa ch'io veggio mi consiglia......... 154.... 212
Ohimè! ohimè! che pur pensando .... 188.... 238
Ohimè! ohimè! ch' io son tradito .... 186.... 236
Ora d'un ghiaccio, or d'un ardente fuoco... 184.... 234
Ora su 'l destro, or su 'l sinistro piede...... 196.... 245

	Texte.	Not.
Per fido esempio alla mia vocazione	152	207
Quantunque il tempo ne costringa e sproni	160	215
Se per mordace di molti anni lima	182	233
Se quel che molto piace	150	206
S' io fossi stato ne' primi anni accorto	168	221
Sotto due belle ciglia	164	219

POÉSIES DIVERSES.

CHAPITRES.

Già piansi e sospirai misero tanto	264	297
Poichè d'ogni mia speme il verde è spento	256	291
Canzone	272	301
Épigramme	278	305
Épitaphes	380	306
Stances	282	307

COMPLÉMENT DU TEXTE.

Sonetti	315	»
Madrigali	333	»
Stanze	352	»

Note sur Vittoria Colonna	357	»

FIN DE LA TABLE.

www.ingramcontent.com/pod-product-compliance
Lightning Source LLC
Chambersburg PA
CBHW052046230426
43671CB00011B/1808